话语标记语跨语言研究

主　编　宋秀平
副主编　徐　璐

郑州大学出版社

图书在版编目(CIP)数据

话语标记语跨语言研究 / 宋秀平主编 . — 郑州 : 郑州大学出版社,
2021. 12(2024.6 重印)
ISBN 978-7-5645-8334-7

Ⅰ. ①话…　Ⅱ. ①宋…　Ⅲ. ①话语语言学 - 研究　Ⅳ. ①H0

中国版本图书馆 CIP 数据核字(2021)第 233412 号

话语标记语跨语言研究
HUAYU BIAOJIYU KUA YUYAN YANJIU

策划编辑	胥丽光	封面设计	苏永生
责任编辑	胥丽光　李菲菲	版式设计	凌　青
责任校对	孙　泓	责任监制	李瑞卿

出版发行	郑州大学出版社	地　址	郑州市大学路 40 号(450052)
出 版 人	孙保营	网　址	http://www.zzup.cn
经　销	全国新华书店	发行电话	0371-66966070
印　刷	廊坊市印艺阁数字科技有限公司		
开　本	710 mm×1 010 mm　1 / 16		
印　张	13	字　数	201 千字
版　次	2021 年 12 月第 1 版	印　次	2024 年 6 月第 2 次印刷

书　号	ISBN 978-7-5645-8334-7	定　价	68.00 元

作者简介

宋秀平，复旦大学外国语言文学博士后，上海外国语大学博士，上海师范大学副教授，硕士生导师。曾主持上海市科研创新项目和上海师范大学校级项目，参与多项省级或厅级项目。出版学术专著2部，在国际国内刊物上公开发表学术论文10多篇。

内容提要

话语标记语广泛运用于各种语言，在人们日常生活中几乎无处不在。它是一种话语层次上的标记，在语篇中起着停顿、过渡等作用，有助于形成语篇的连贯性与条理性，并起到一定的指示与提示作用。不同领域的学者对话语标记有着不同的理解。近年来，学者们都倾向于把话语标记语看作是主要出现于会话中且发挥一定语用功能的语言现象。

本书内容主要包含语用迁移现象分析以及影响因素两个部分。语用迁移现象分析部分主要包含频率和框架迁移、人际功能、认知功能、语篇功能、迁移内化、话语标记语的功能运用发展特征、过度概括、语用意识匮乏、语言能力、回避等。影响因素部分包含语言因素、社会因素等。

前言

话语标记语在语言交流中占据重要作用。关于话语标记语的研究,国内外目前已有一定数量的成果,然而,大部分相关研究局限于语用领域,探讨话语标记语的语用功能,很少研究关注话语标记语的学得。关于国内外英语话语标记语,相关研究整体丰富,具体而言,国内研究比国外丰富。国内外主流研究聚焦于英语话语标记语的本身特征(功能、用法、翻译)及语法化(冉永平,2002;Brinton,1996;Borderia 等,2021)。国内有部分(如陈伟,2009)集中话语标记语的比较和对比,主要比较和对比外语学习者和英语本族语者使用英语话语标记语的频率和类型。有些研究(徐捷,2009)涉及一些话语标记语的具体功能。国外英语话语标记语研究的重点(Borderia 等,2021)是英语话语标记语的语义或语用功能。国外极少研究关注英语话语标记语的使用(如 Fuller,2003)、对比(如 Fuller,2003)、英语话语标记语的影响因素(活动语境、学习者母语、语用石化,等等)和态度(如 Trillo,2002)。

关于国内外现代汉语话语标记语,国内研究比国外较多一些,但国内外相关研究整体数量较小。国内的相关研究主要是探讨其语义功能(如冯光武,2004);考察第二语言习得者对话语标记语的习得和应用(如樊庆辉,2011);探讨个别现代汉语话语标记语的语法化过程(如黄旻婧,2014)。国外研究极少,这些少量研究或者聚焦某个话语标记语的用法或功能(如 Charles,1991);或者涉及某个或某类话语标记语的语法化过程(Wangwei,2017);或者讨论话语标记语作为一门外语的习得(如 Yeh & Huang,2016)。

关于功能近似对等物的研究,国内外个别研究提及过。国内个别学者从某理论视角或者仅比较英汉元语用标记语对应式的异同(赵颖等,2015;蔡翔凤,2014 等)。国外研究也极少,个别从理论上阐述功能近似对等物对第二语言相应词素习得的促进作用(Lowie,1998),有研究运用访谈考察了话语标记语学得过程的母语影响(如 Liu Binmei,2013)。Liu Binmei 仅比较中介语与目的语,重点研究迁移评估。

综合以上文献,本研究以功能近似对等物为研究对象,探讨外语学习者使用英语话语标记语的过程中母语功能近似对等物对其产生的影响以及相关影响因素。本研究不仅仅涵盖了迁移评估,还囊括了迁移过程的其他方面:发现迁移和解释迁移。

本书以话语标记语 you know 和其功能近似对等物"你知道"为例,运用语料库、问卷调查、访谈,探讨外语学习者和汉语本族语者对话语标记语 you know 和"你知道"的功能使用,进而探讨影响话语标记语语用迁移的因素。本书还谈到了影响话语标记语的社会因素。该方面相关文献较少。笔者主要介绍了郑群(2014)和阴瑛(2008)对该方面的论述。另外,本部分笔者还介绍了 Lowie 的语言习得观点、Istvâan & Tèunde 等的语言习得观点。第三章谈到了本书的研究目标、研究问题、研究方法、研究框架、研究程序。关于研究目标,本书选择 you know 和"你知道"作为研究目标,根据以往学者的研究,话语标记语 you know 在英语交流中属于高频率的话语标记语,很受英语本族语者欢迎,其在汉语中最接近的功能近似对等物为"你知道"。本书分析了中介语学习者和英语本族语者如何使用话语标记语 you know,汉语本族语者如何使用话语标记语"你知道"的功能。通过分析 you know 在中介语语料库和英语本族语语料库的功能,分析"你知道"在汉语本族语语料库的功能，可以发现迁移、解释迁移、评估迁移，对语用迁移有全面的了解。

本书内容比较浅显易懂，适合中级以上外语学习者。其主要特点是研究对象新颖，较少研究以功能近似对等物为研究对象，研究外语学习者的母语如何影响外语学习者使用话语标记语。本书涉及话语标记语的各个方面，既包括话语标记语的功能，又包含影响话语标记语使用的因素，对于未来话语标记语的相关研究，具备参考价值。

本书在写作过程中得到了许多老师和朋友们的帮助。首先也是最重要的，我衷心感谢我的恩师——复旦大学外国语言文学学院德高望重的曲卫国教授，他的博学和善良给我留下永不磨灭的印象，也使我受益匪浅，而且还将影响我终生。再次衷心感谢曲教授细心的指导、宝贵的建议、持久的鼓励。没有这些支持，我们几乎无法完成这项研究。

其次，我们要衷心感谢我们的恩师——上海外国语大学德高望重的戴炜栋教授，他殷切的期望和鼓励一直都是指引着我们不断前行的动力。

再次，我们衷心感谢复旦大学外国语言文学学院的褚孝泉教授、熊学亮教授、蔡基刚教授对我的不吝赐教。

最后，我们深深感谢上海师范大学外国语学院所有参与该项研究的学生；特别感谢郑州大学外国语与国际关系学院的张巨文教授，上海外国语大学英语学院的徐海铭教授，郑州大学外国语与国际关系学院的王宇红老师和上海师范大学外国语学院的赵飞老师在本研究过程中给予我们的鼎力相助。

宋秀平

2021 年 8 月

目录

第一章 话语标记语概述与研究

第一节 话语标记语概述

众所周知,学习语言的最终目的是交流。话语标记语在语言交流中起着重要作用,话语标记语是这样的一类词语或者短语:它们在句法上相对独立,并不改变句子的真正意义,例如 oh、well、now、you know、I think、like、I mean 等均为话语标记语(引自维基百科)。虽然根据百度百科提及的话语标记语定义,话语标记语并不能改变句子的命题意义,但是话语标记语已引起学者们的极大关注。

2000—2020 年,这二十年间,国家社会科学基金关于话语标记语的立项数目为 11 项。其研究涉及的领域广泛,既有语用领域的相关研究,也有第二语言习得领域的,还有认知领域的相关研究,等等。然而,根据笔者对过往文献的调查,话语标记语的主要相关研究集中在语用领域。具体而言,相关研究大多在关联理论(徐飞,2008)和连贯理论(李静,2014)的框架下进行或者说运用关联理论和连贯理论解释话语标记语。相比之下,在第二语言习得领域(徐捷,2009)的话语标记语研究较少,或者说,很少研究探讨其习得过程。就笔者所能查阅到的相关文献而言,极个别的学者(徐捷,2009)探讨过话语标记语的习得过程。本研究拟丰富第二语言习得领域的相关研究成果,研究的一部分将致力于话语标记语习得的影响因素,为话语标记语的影响因素成果提供更多的实证和理论支持。更进一步来讲,无论在外语习得还是第二语言习得过程中,有学者也提到,外语或者第二语言习得本身意味着学习者在习得一门新的外语之前已经掌握了一门语言或者已经发展了一套与学习者母语或者第一语言相关的概念。

根据 Lowie(1998)的观点:跨语言的相似性在外语或者第二语言习得过程中起决定性作用。本研究拟回答学习者的母语或者第一语言对学习者目的语习得产生怎样的影响。事实上,对语用迁移进一步研究的空间仍然很大。纵观以往的语用迁移研究,研究目标大多为社会语言学领域的语用行为(郑群,2014)。根据 Kwon Jihyun(2003)的观点,即使大家对什么是迁移或者迁移的定义持有不同的观点,大家也一致认为,在学习新语言的过程中,学习者的母语或者第一语言是不可忽视的因素,准确而言,是影响一门新语言习得的主要因素。Kwon Jihyun(2003)的研究暗示,研究迁移条件是未来迁移理论关注的趋势。在以往的文献中,有研究(熊薇薇,2006)提到话语标记语的影响因素。至于语用迁移如何影响中国学生使用话语标记语,我们期待有关方面的详尽论述或者说期待有研究详细展示这一过程。

根据笔者对文献的调研,国内外以语用迁移为框架研究话语标记语的文献很少(Liu Binmei,2013)。目前比较典型的受到广泛关注的一项研究为 Liu Binmei(2013)的研究,该研究视角新颖,重在比较学习者的中介语与目的语,主要关注迁移过程的一个方面:评估迁移。根据 Gilquin(2008)的研究,迁移模式有发现迁移、解释迁移、评估迁移构成。本研究拟丰富该方面的研究成果,深入探查迁移模式中的发现迁移这一方面,具体而言,本研究关注的重点是外语学习者的母语和中介语的比较。拟具体探查外语学习者的母语或者第一语言如何影响学习者学得目的语话语标记语,拟促进相关迁移理论的提升。事实上,有学者也提到外语学得或者第二语言习得本身暗示了学习者已经习得了一门语言。很可能,在学习者母语或者第一语言中,目的语话语标记语与学习者母语中的话语标记语在功能上有相似性和相异性,本研究语料也证明了这一点。根据 Thomas(1983,引自 kasper,1992)对语用语言迁移概念的表述,在外语或者第二语言学得过程中,学习者母语或者第一语言与目的语中意义或者功能上相似的语言成分有可能影响学习者学得目的语语言形式。话语标记语的学得也是如此,很可能,学习者的母语或者第一语言中存在与学习者目的语中功能相似的话语标记语。

比如,Liu Binmei(2013)研究涉及的 I think 和“我觉得”。

英语话语标记语 you know 在汉语中有一个功能近似对等物“你知道”。正如 Thomas(1983,引自 kasper,1992)所暗示的那样,学习者母语或者第一语言中与目的语学习目标功能相似的语言项目很可能会影响学习者学得学习目标。本研究拟对该假设给出详细的解释。还有,本研究选择话语标记语 you know 作为研究对象。许多研究成果(比如 Fuller,2003)表明:话语标记语 you know 是在会话交流中最受英语本族语者欢迎的话语标记语之一。根据 Shin & Nation (2008,引自郑群,2014)对 BNC 的二词搭配调查,英语本族语者运用频率最高的词块为话语标记语 you know。相比之下,根据笔者二十多年的英语教学经历,发现中国英语学习者很少使用话语标记语 you know,另外,有些学者的研究(比如徐捷,2009)也支持上述观点。根据以往研究(比如徐捷,2009),外语学习者和英语本族语者在运用话语标记语 you know 方面呈现出鲜明的对照。这种运用上的显著差异驱动很多研究者对话语标记语 you know 进行纵深探索。杨晓霞(2006)的研究显示,话语标记语 you know 和“你知道”有功能上的相似性,比如,这两个话语标记语都可以执行篇章组织功能和人际互动功能。根据刘丽艳(2006)的研究结果,“你知道吗”和“你知道吧”的功能是“监察并建立共享信息”,“你知道”的功能是“假设为听说双方共同拥有并接受的前提信息”。根据 Fox Tree & Shrock(2002)的研究,通过使用 you know,发话人的目的是使“听话人接受他的信息为背景信息”。根据上述信息,我们可以推断出,话语标记语 you know、话语标记语“你知道”、话语标记语“你知道吗”、话语标记语“你知道吧”的功能具有相似性,或者说,话语标记语 you know 在汉语中有多种相似的功能对应表达式。也可以说,英语话语标记语 you know 在汉语中有很多译本。其中一个译本是汉语话语标记语“你知道”。另外,汉语话语标记语“你知道吗”,“你知道吧”都可以看作英语话语标记语 you know 的译本。相关文献(刘丽艳,2006)表明:这三种译本与话语标记语 you know 在功能上都有相似之处。更为复杂的是,汉语有很多方言,每个话语标记语在不同的方言中又有不同的版本。因此,我们姑且把其中的一种译本作为研究对象。上面论述显示:话语标记语 you know 和“你知道”在功能上最为接近,因而本研究选择话语标记语“你知道”作为英语话语标记语 you know 在汉语中的功能近似对等物。具体解释如下:汉语中对格式“你知道”的研究并不丰富。笔者能查阅到的国内外对该格式的研究如下:根据张聪燕(2008)的研究结果,“你知道吗”为汉语话语标记语之一,具有诸多功能。得出结论:话语标记语“你知道吗”的中心功能是引起听话人的注意。另外,陶红印(2003)认为该格式位置较为灵活,具有核查和提醒功能。最后陶红印(2003)得出结论:虽然该格式“你知道+语气词”并不如英语话语标记词 you know 一样是个成熟的话语标记语,但是正在朝那个方向演化。刘丽艳(2006)界定了格式“你知道”具有话语标记语的属性:该格式是个独立的个体,语法上是独立的;进一步解释了话语标记语“你知道吗”“你知道吧”“你知道”的功能。刘丽艳(2006)得出结论:说话人运用话语标记语“你知道”假定说话人与听话人之间存在背景信息,以便听话人更好地理解说话人的信息;就话语标记语“你知道吗”而言,说话人运用该话语标记语意在提供给听话人一些不熟悉的信息,以便听话人与说话人进行有效的交流;最后,当谈到话语标记语“你知道吧”时候,刘丽艳认为:说话人运用话语标记语“你知道吧”激活信息(这些信息在听话人的头脑中处于休眠状态)以便与听话人进行成功的交流。许多学者已经证明:对说话人而言,要么话语标记语 you know 引出的信息是说话人和听话人共享的信息,要么它引出的信息是说话人假定交流双方共享的信息(Brinton,1990;Fuller,1998,引自 Fuller,2003;Vincent Sophie,Darbaky Sarah and Mettouchi Amina,2009)。因此,就核心功能而言,从学者们的观点可以推断,与话语标记语“你知道吗”“你知道吧”的功能相比较,话语标记语“你知道”和 you know 在功能上具有更多的相似点。根据上述讨论,我们有充分的理由得出结论:话语标记语“你知道”和 you know 在功能上最为接近。

本研究涉及三个语料库(中介语语料库、英语本族语者语料库、汉语口语语料库)和多项比较。多项比较涉及如下方面:比较中介语学习者语料库和英语本族语者语料库中话语标记语 you know 的运用频率。重点比较中介语学习者语料库中话语标记语 you know 与汉语口语语料库中“你知道”的功能。本研究涉及发现迁移、解释迁移、评估迁移,拟对迁移现象有一个比较全面而深刻的了解。

上面阐述了我们选择研究对象话语标记语 you know 进一步研究的理由。基于上述讨论,具体研究的问题如下:

研究问题(一):在外语学习者运用目标话语标记语 you know 的过程中,母语为汉语的外语学习者在多大程度上受到其母语功能近似对等物话语标记语"你知道"的影响?对该问题的探讨可使我们更为清楚地了解语用迁移对话语标记语学得的影响。

研究问题(二):外语学习者在运用话语标记语 you know 的过程中,什么因素导致了语用迁移的发生?假如学习者在运用话语标记语 you know 的过程中,语用迁移会影响话语标记语的使用,那么探索影响语用迁移的因素就显得至关重要。根据 Kwon Jihyun(2003)的研究,虽然大家对迁移的定义意见不一致,但是大家都认可学习者的母语或者第一语言在学习一门新语言过程中的重要影响。Kwon Jihyun (2003)建议未来迁移的研究应该集中于研究迁移发生的条件,原因是目前迁移理论研究停滞,研究迁移发生的条件一方面可以推动迁移理论的进步,另一方面可使我们全面了解迁移概念。本研究探讨语用迁移发生的条件以及影响语用迁移的因素。根据 Kwon Jihyun (2003)的观点,研究结果一方面拟会促进语用迁移方面的相关理论进步。另一方面拟会丰富相关的实证研究。就语用迁移而言,很少相关研究(熊薇薇,2006)与话语标记语有关,熊薇薇(2006)在其研究中仅仅谈到语用迁移为影响话语标记语的因素。但遗憾的是,熊薇薇(2006)的研究焦点并非语用迁移如何影响话语标记语的使用,而且相关的研究相当匮乏,Liu Binmei(2013)的研究也谈到了这一点。笔者查阅到 Liu Binmei(2013)谈到了母语对外语学习者学得目标话语标记语的影响。Liu Binmei(2013)的研究方法为访谈,且 Liu Binmei(2013)的研究主要比较学习者的中介语和目标语,关注迁移过程的一个方面。根据 Gilquin(2008)的迁移描述,该方面为评估迁移。

本研究丰富了该方面的研究,拟详细比较外语学习者的母语与外语学习者的中介语,集中研究 Gilquin(2008)迁移模式谈到的迁移研究中发现迁移这一方面。如 Liu Binmei(2013)的研究一样,本研究所涉及的许多方面比较新颖,比如,本研究不仅详细比较了话语标记语对应式的功能运用差异,探讨了学习者母语对话语标记语学得的多方面影响,还关注了影响话语标记语学得的语言因素和非语言因素。可以说,本研究允许我们对话语标记语的影响因素有一个比较全面、比较系统、比较深入的梳理。另外,鉴于本研究的母语影响涉及多个方面,包含语用正迁移、语用负迁移、过度概化、回避等诸多现象,根据Kasper(1992)的观点,语用迁移术语不足以涵盖如此多的方面,跨语言影响这一术语或许能够涵盖本研究中外语学习者母语影响的诸多方面,或许更合适被用来描述本研究中的母语影响这一现象。

关于研究方法,考虑到单一研究方法的局限性,本研究采纳语料库分析、问卷调查、访谈多样化的研究方法。具体以语料库研究为主,问卷调查和访谈为辅。三种研究方法互为补充以弥补单一研究方法的不足。就数据收集而言,本研究包含定量数据和定性数据。定量数据主要来自语料库分析;定性数据的来源有多种渠道:语料分析、问卷调查、访谈。

关于研究设计,拟详细描述英语中介语学习者语料库COLSEC中外语学习者运用话语标记语you know功能的情况;拟详细分析汉语口语语料库中汉语本族语者运用话语标记语"你知道"的情况;拟运用问卷调查中国英语学习者运用you know和"你知道"的功能情况并探讨影响其功能使用的因素;拟对中国英语学习者和母语为汉语的第二语言习得者对话语标记语的使用情况和影响因素进行访谈;拟详细比较you know和"你知道"功能的使用情况,比较深入研究学习者母语对应式对目的语对应式的影响,比较全面、系统、深入地梳理影响话语标记使用的因素。本研究借鉴Fung & Carter(2007)对话语标记语you know使用频率的研究结果,对比中国英语学习者和英语本族语在使用you know频率方面的不同。本研究拟分析英语中介语学习者和英语本族语者在话语标记语you know功能运用方面的差异,拟纵深洞察中介语学习者在使用话语标记语过程中迁移现象的作用过程。

第二节 话语标记语研究综述

本部分由两个部分构成。第一部分总结了本研究的理论知识。理论知识涉及话语标记语的重要性，描述了话语标记语 you know 和“你知道”的语用功能，谈到了语用迁移的分类，阐明了迁移和语言习得的关系，最后笔者得出结论语用迁移是语言习得范畴必不可少的一部分(Kasper,1992)。

本部分探查了如下几个方面的相关实证研究：国内外英语话语标记语，国内外现代汉语话语标记语，国内外语用迁移。关于上述几个研究方面，笔者都对它们的特点进行了简要描述，然后依据某个标准对相关研究进行了分类，具体描述了相关领域绝大部分研究的关注点，部分研究的关注点，一些研究的关注点，极少研究的关注点，个别研究的关注点，并对国内外相关文献进行了评述。

关于国内外语用迁移相关研究，笔者描述了第二语言习得领域内几项有影响力的迁移研究。具体包含 Gilquin(2008)迁移模式研究和 Lowie(1998)的论断。关于迁移，这两项研究在相关领域有比较广泛的影响力。Lowie(1998)介绍了语言习得的影响因素，解释了功能近似对等物在语用迁移中的影响。另外，本章节还谈及第二语言习得范畴之外的目标话语标记语 you know 的研究以及有关话语标记语“你知道”的相关研究。

一、理论综述

(一)话语标记语的重要性

话语标记语在语言交流中的重要性得到广泛的认可。首先，文献表明：话语标记语在语言中出现的频率非常高。根据 Fung & Carter (2007)的研究，在口语中会话人频繁使用话语标记语，而且，在书面语体中，话语标记语也经常被使用且频率很高。还有，Ostman(1982)提出话语标记语主要出现在口语语体中，且这种口语特征通常是即兴表达。会话人把话语标记语视为一种策略，表达了会话人的犹豫不决(Brinton,1996)。还有，根据 Sankoff & Thibault 等 (1997)的研究结果，第二语言或者外语学习者目的语话语标记语的运用频率与他们目的语的流利度成正相关，也就是说，只有当学习者流利讲目的语时候，他(她)们才能运用目的语话语标记语；而且学习者的目的语讲得越流利，他们言语中的话语标记语越多。此外，学习者话语标记语的运用也体现了第二语言或者外语学习者的另一种能力,这种能力与语篇衔接性有关,比如,Sankoff 等(1997)认为:目的语本族语者输出的语篇衔接性更强,原因是本族语者能适当运用话语标记语;同样,如果外语学习者和第二语言习得者能恰当使用目的语话语标记语,输出的语篇和目的语本族语者一样。大量研究(如 Fung Loretta,2011)证实:话语标记语具有重要的结构和交互功能。其次,话语标记语的运用不当或者不使用话语标记语可能会给交流或者语篇带来很多问题,比如,在本族语者与非本族语者的交流中会产生不同程度的误解(Liu Binmei,2013)。非本族语者的言语可能会听起来不友好、不合作等(Aijmer,2011;Moreno,2001,引自 Liu Binmei,2013)。另一方面,话语标记语的过度使用会产生其他的问题,比如,如果 I think 被非本族语者运用过多,非本族语者的言语可能会听起来缺乏信心(Liu Binmei,2013)。鉴于上述结论,建议课程编纂者和教师既要注意这些小词的语义意义(Liu Binmei,2013),也要充分意识到这些"小词"在语篇和交流中语用功能的重要性(Aijmer,2011;Hellermann & Vergun,2007;Moreno,2001,引自 Liu Binmei,2013)。以往研究表明:正确运用话语标记语的功能非常重要。对于诸如邀请、道歉等之类的言语行为,这些言语行为在语篇和交流中运用不当会产生语用失败;话语标记语与它们不同;话语标记语的功能主要在会话中帮助会话人更适当地理解话语,话语标记语使用与否不会如言语行为那样导致语用失败(Liu Binmei,2013)。

(二)话语标记语的分类

关于语言功能的分类标准,不同的学者提出了不同的分类标准。Halliday(1970)论述了语言的几大功能:概念功能、人际功能、语篇功能。概念功能指语言表达的内容;人际功能可以被用来"维持和建立社会关系";语篇功能能有助于"构造衔接的语篇"(Liu Binmei,2013,151)。基于 Halliday(1970)的功能描述,Brinton(1996)和 Aijmer(2002)对话语标记语的功能进行了分类(Liu Binmei,2013)。Liu Binmei(2013)在 Brinton(1996)和 Aijmer(2002)的研究基础上,重新划分了话语标记语的功能。

根据 Liu Binmei(2013)的研究,话语标记语的功能涵盖了语篇功能和人际功能。其中语篇功能包含如下几个方面:话题转换、引进话题、引进信息、结束话题、自我纠正、引用、填充词(filler)或保持话轮;人际功能表现在确认共享假设、核查或表达理解、请求确认、表达尊重、挽救面子等(Liu Binmei,2013,145)。Fung & Carter(2007,145)还谈到了话语标记语的认知功能,认为话语标记语可以表明说话人的认知状态,帮助听话人建造语篇的心理表征,可以揭示思维过程,评估听话人对话语的理解,作为重述、详述、不确定性的标记语。

(三)话语标记语 You know 及"你知道"的意义

1. 话语标记语 you know

根据 Fox Tree & Schrock (2002)的研究结果,关于话语标记语 you know 的基本含义有两项提议。其中一项提议是:话语标记语 you know 的基本含义是说话人核查听话人对自己话语的理解,或者说话人认为话语标记语 you know 所引出的信息是听话人共享的信息(Schourup,1985;Schiffrin,1987,引自 Fox Tree & Schrock,2002,736),或者话语标记语 you know 表明发话人努力让听话人合作或者努力让听话人接受自己提供的信息作为共同背景信息(Ostman,1981,引自 Fox Tree & Schrock,2002,736)。在会话当中,当说话人认为某些信息"需要引起听话人额外关注"(Fox Tree & Schrock,2002,737)的时候,运用话语标记语 you know 提醒听话人注意(Fox Tree & Schrock,2002)。另外一种看法是:在会话当中,当说话人为了让听话人同意自己的观点,运用话语标记语 you know "鼓励听话人进行适当的推理"以"填补说话人未表达的信息"(Jucker Smith,1998,引自 Fox Tree & Schrock,2002,737)或者发话人运用话语标记语 you know 促使学习者"认识到话语之间的关联和会话含义"(Jucker Smith,1998,194,引自 Fox Tree & Schrock,2002,737)。

Fox Tree & Schrock (2002)认为上述对话语标记语 you know 的基本意义的多种解释其实是密切相关的,确切地说,第二种解释进一步完善了第一种解释(Jucker and Smith,1998,195,引自 Fox Tree & Schrock,2002,737),其实,通过这种方式,说话人旨在鼓励听话人进行适当的推理,明白说话人未陈述的信息(Fox Tree & Schrock,2002,737)。

此外,话语标记语 you know 还有其他的功能。具体介绍如下:

(1)修正功能

根据徐飞(2008)的描述,说话人觉得需要修正已陈述信息的时候,说话人可以运用 you know 引出修正的信息。依据徐飞对 you know 修正功能的描述,笔者给出如下的例子。比如,下面的例句充分说明了话语标记语 you know 的该功能。

How far did you cover today? (今天您走了多远?)

Fifty miles,um you know,forty-five miles all together.(五十英里,嗯,您知道,总共四十五英里。)

在上述会话中,话语标记语 you know 修正了之前提供的不准确信息(五十英里)。

(2)组织功能

根据 Fox Tree & Schrock's (2002)的研究结论,话语标记语 you know 的组织功能包含如下几个方面:话题转换功能,强调功能,标示功能。

①额外信息标记语

话语标记语 you know 可被听话人视为说话人会提供进一步信息的标记,或者说话人运用话语标记语 you know 暗示其会提供进一步的信息以便其言语更完整或者更易于听话人理解(徐飞 2008),比如:

A. What would you like to eat? (您想吃什么?)

B. Beef;you know,beef is always my favorite.(牛肉;你知道,我最喜欢吃牛肉。)

在上述对话中,话语标记语 you know 是个标志词,标志着说话人会提供更多的有关 beef 的相关信息。

②迟疑标示语(filler)

根据徐捷(2009),说话人"在陈述命题时面临语言表达困难",运用话语标记语 you know 作为填充语(filler),表示"说话人正在组织思维以保持话语不中断"(徐捷 2009,29)。另外,话语标记语 you know 还可作为缓和话语的标记语,缓和会话中的人际关系(徐飞,2008)。

2."你知道"

关于话语标记语"你知道"的功能研究,如下表述具有代表性。刘丽艳

(2006)的研究表明:话语标记语“你知道”的功能旨在让听话人更容易接受说话人所假设的共享信息;虽然说话人假定话语标记语引出的信息对听话人而言应该是已知信息,但是,很可能,这种假定的信息对听话人来说是新信息。陶红印(2003)论述了话语标记语“你知道”的如下两种功能:核查功能和注意功能,具体而言,当说话人在交流中不确定听话人是否理解了自己所陈述的信息时候,便运用话语标记语“你知道”核查或者检验或者确认听话人是否理解;有时候说话人使用话语标记语“你知道”的目的是让自己的信息赢得听话人的注意或者获得听话人的关注。宋秀平(2011)也研究了话语标记语“你知道”的语用功能,得出结论:话语标记语“你知道”具有强调、解释、提供额外信息、举例、停顿、起始话题等诸多功能。

(四)语用迁移的分类

根据 Kasper (1992)研究的描述,Leech (1983)区分了语用语言学和社会语用学。Thomas (1983)界定了语用语言学和社会语用学的属性,把它们定性为两种类型的语用失败(Kasper,1992,208)。根据 Kasper (1992,209)的定义,语用语言迁移是一种过程,在这个过程中,学习者母语或者第一语言中的特定语言项目的言外之力或者礼貌值会对第二语言中的形式功能映射产生影响,具体影响第二语言中的形式——功能映射的感知和输出。根据 Leech (1983)提出的语用语言学的概念,语用语言学可被视为一门语言的特定资源,这种特定资源被用来传达特定的言外之力或言外之意(illocution)。

根据 Kasper(1992)的观点,第一语言或者母语对第二语言习得的影响涉及许多方面;迁移这个术语把某些类型的第一语言影响排除在外,比如,回避、第一语言对第二语言学得和行为的限制等等;跨语言影响术语比迁移术语覆盖面更大,能够涵盖迁移术语不能涵盖的第一语言影响现象;相对于跨语言影响这个术语,迁移这个术语有诸多不足之处。根据 Leech (1983)提出的语用语言学的概念,语用语言迁移是一个过程,这个过程卷入“语言间言语行为策略的迁移,比如,言语行为策略在不同的语言之间迁移,言语行为策略在母语或第一语言与目的语之间迁移”(Thomas,1983,209)。根据 Thomas(1983,引自 Kasper,1992)的观点,由于有些言语行为策略有具体语言的突出特点，虽然这些言语行为策略在不同语言中存在对等关系，这种对等关系体现在语义和句法上，但是它们执行的语用力有具体语言的特点或者说这些言语行为策略在不同的语言中有不同的语用力。Thomas (1983)认为因为语用语言学迁移的发生所以导致了语用语言学的失败。其实 Kasper (1992)提出我们不能把语用语言迁移理解为负迁移，它不仅包含正迁移，还包含负迁移，可以说，语用语言学迁移这个概念不是完全意义上的否定概念。正如 Kasper(1992)所言，语用语言迁移涉及如下两个方面的迁移：一方面的迁移与言语的礼貌赋值(politeness assignment)有关；另一方面的迁移与言外之力(illocutionary force)有关。

语用语言学迁移和社会语用学迁移是语用迁移的重要部分。笔者赞同 Kasper (1992)的观点，语用语言学迁移这个概念不是完全意义上的否定概念，它不仅包含正迁移，还包含负迁移。由 Thomas(1983，引自 Kasper，1992)的观点推断，虽然话语标记语的功能近似对等物在不同语言间存在某种程度的功能对等关系，但是这些功能近似对等物在不同的语言中很可能有不同的语用力。本研究拟从实证上进一步探讨该论断。本研究探讨中国外语学习者在使用话语标记语 you know 的过程中如何受其母语的影响，该研究属于语用语言学研究的一部分。

(五)语用迁移与第二语言习得的关系

语用迁移可被视为是第二语言习得研究必不可少的一部分(Kasper，1992)。Lado (1957，引自 Vžegarac，2004)提出观点：在语言学习者习得新语言的过程中，或者说当学习者尝试着运用(输出和理解)目的语的过程中，语言学习者不知不觉地或者说习惯于迁移自己母语中的语言形式、意义或者文化，把母语的语言习惯运用到目的语和目的语文化中。根据 Kasper (1992)的观点，由于迁移的作用，中介语语用学与主流第二语言习得研究得以成为一体。Kellerman & Sharwood Smith (1986，引自 Kasper，1992)提出迁移的范围很广，也包含回避，第一语言对第二语言学得的制约，中介语不同流向影响，因而，跨语言影响这个概念比迁移概念更合适。

【评论】

熊薇薇(2006)在研究中表明：语用迁移是第二语言习得领域广泛意义

上的语言迁移的一部分，我们可以运用语用迁移解决语言习得问题。Kellerman& Sharwood Smith（1986，引自 Kasper，1992）提出迁移的范围很广，跨语言影响这个概念比迁移概念更合适。也包含过度概化、简化策略等（Ellis & Barkhuizen，2005）。因此，笔者认为，本研究涉及的语言现象远远超出了语用迁移的范围。借鉴 Kasper（1992）的观点，本研究更着重话语标记语的跨语言影响。

【总结】

这一部分是本研究的理论总结。涵盖如下三个部分：论述了研究目标话语标记 you know 和“你知道”的语用功能；对语用迁移进行了分类；阐明了迁移和第二语言习得的关系，并得出结论：语用迁移属于第二语言习得范畴。

二、实证综述

（一）国内外英语话语标记语

1. 国内英语话语标记语

国家哲社科数据库中约 250 篇左右研究英语话语标记语。可分为如下几类：

（1）本身特征（功能、用法、翻译）及语法化

绝大部分话语标记语的相关研究（冯洁茹，2009）探讨话语标记语的用法或功能，相关研究结果表明话语标记语有多方面的功能和作用。由于话语标记语的作用，会话者输出的语篇更加连贯（冯洁茹，2009；王淑侠，2012 等）；话语标记语也体现了会话人的元语用意识（冯静等，2014；吴亚欣等；2003 等），影响听话人对话语的理解（李婧，2012；傅利等，2019）；少数探讨话语标记语教学作用，均得出结论：话语标记语对教学起积极作用（黄明俊等，2019；吕懂琼，2018 等）；少量（路荣，2005；李海艳，2008 等）谈及话语标记语的翻译，结果表明：在话语标记语的翻译过程中，基于不同的语用目的，应该采纳灵活处理的方法。很少探讨话语标记语语法化过程（张博宇，2015；王晓楠，2016 等）。

(2)使用(与反应研究不一致)

有一些研究(如陈伟 2009)涉及话语标记语的使用,该方面的大部分研究集中比较和对比,具体比较和对比外语学习者和英语本族语者在运用英语话语标记语方面的频率和类型。一些研究(如徐捷,2009)涉及一些话语标记语的具体功能。具体分类如下:第一类研究(陈伟,2009;李雪 & 李委清,2010 等)运用中外语料库(包含口语和书面语)或者受试者口语语料对比英语本族语者和中国外语学习者运用英语话语标记语的频率和类型,研究目标为常用话语标记语,比较分析两类学习者运用这些话语标记语的频率差异和影响差异的因素,结果表明:中国英语学习者和英语本族语者在使用学习目标方面存在明显差异。第二类研究(唐丽玲,2011;王瑞,2013 等)运用中外书面语料库文本,探讨英语本族语者和中国英语学习者在运用某一类话语标记语方面的频率异同。该方面研究较少,主要对比频数和类型。第三类(陈新仁 & 吴珏,2006)单纯研究外语习得者运用英语话语标记语的频率和类型情况。该类研究聚焦分析中国外语习得者运用话语标记语的类型和频率,未与目的语本族语者的运用情况进行比较。较少研究(如徐捷,2009)谈及单个话语标记语的具体功能。个别学者(蔡翔凤,2014;Liu Binmei,2013 等)探究英语话语标记语和其汉语对应式在位置、语义等上的异同。

该方面的研究相当丰富且相关研究呈现逐渐深入的趋势。从粗略对比中外学习者语料库中常用话语标记语,或者某一类话语标记语的频率或运用类型,到比较分析一个话语标记语的不同语用标示功能在不同语料库中的频率。有研究对比中国外语学习者与英语本族语者在运用某个话语标记语方面的情况,主要探查运用个别话语标记语的频率和各种具体功能情况,并提及影响频率和具体功能运用的因素。

(3)影响因素

极少研究(如阴瑛,2008)涉及影响话语标记语使用的因素。

(二)国外英语话语标记语

EBSCO、Oxford、Cambridge 是比较典型的语料库,根据网上对其相关介绍,这三个语料库收录期刊种类多,涵盖范围广泛,收录了大比例的核心刊物，比如 Oxford 电子期刊数据库囊括 48 种期刊，48%的刊物为 SSCI/AHCI。其中相关度强的话语标记语文献约 120 篇，不如国内丰富。依关注焦点可归为如下几类：

1. 功能

第一类从整体上探讨话语标记语的功能。概括而言，该方面的研究主要从理论上解读话语标记语。大部分探讨话语标记语的定义、分类、特征、功能，理论框架、语篇连贯功能、语义理论等（Schourup，1999；Fuller，2003 等）。少量文献探讨某类话语标记语如语篇话语标记语和人际话语标记语的用途（Milne，2008）等。第二类考查单个或某类（比如分隔标记语）话语标记语的某个或某些功能。这些功能包括连接功能、认知功能、强调功能等（Bell，1998；Haselow，2011 等）。

2. 使用

（1）极少频率、位置对比

在频率、位置对比方面，仅极个别研究（Yang & Chen，2015）比较了外语学习者和外语本族语者运用某类话语标记语的频率和位置。Yang & Chen（2015）的研究受到了该领域广泛的关注。比如，Yang & Chen（2015）的研究为语料库研究，既包含定量数据又包含定性数据，研究对象为对比类话语标记语，调查了英语学习者和英语本族语者运用对比类话语标记语的差异，受试者为中国外语学习者和英语本族语者，研究两类学习者在运用该类话语标记语方面的异同，得出如下结论：根据该研究，关于对比型话语标记语，中国外语学习者和英语本族语者偏爱并非相同；关于每个对比型话语标记语，中国外语学习者和英语本族语者在总体运用上差异不大，两类学习者经常运用的对比类话语标记语相似；虽然两类学习者在运用对比型话语标记语的方面有重叠的部分，但是他们共同偏爱使用的话语标记语的频率并不相同，此外，英语本族语者比中国外语学习者运用的话语标记语在数量上较多。

还有，根据 Yang 和 Chen（2015）的研究，英语本族语者和中国外语学习者也偏爱使用一个话语标记语的不同功能。Bell（1998，引自 Yang & Chen，2015）提到了话语标记语的运用特征，多功能性是话语标记语的主要特征，在话语标记语的多功能中，有一个是核心功能或者说核心语用功能，这个核心或者核心语用功能是稳定的，除了这个稳定的核心功能，话语标记语还有边缘功能。

(2)影响因素

约5篇文献(Trillo,2002)集中探讨影响话语标记语运用的因素，比如，活动语境、学习者母语、语用石化等。Liu Binmei 的研究比较典型。Liu Binmei(2013)的研究问题是话语标记语的母语迁移，其研究方法为社会语言学访谈。Liu Binmei(2013)的研究受试者包含英语本族语者和母语为汉语的英语学习者，研究结果表明：第二语言习得者母语中的语言对应式影响目的语话语标记语的功能习得。另外，根据 Liu Binmei(2013)的研究，第二语言习得者在运用话语标记语 I think 的时候，在第二语言习得者的语料中有28%的功能为填充词功能，而在英语本族语者的语料中该功能没有出现。根据 He & Xu (2003，引自 Liu Binmei,2013)的研究，在外语学得环境之下，英语外语学习者和英语本族语者对话语标记语 I think 的运用在频率上有差异，与本族语语料库中话语标记语 I think 的频率相比，它在外语口语语料库中出现的频率更高。关于话语标记语的个人偏好，根据 Liu Binmei (2013)的研究结果，参与研究的受试者对话语标记语的偏爱不同；英语本族语者比第二语言习得者使用的话语标记语更加多样化。正如 Liu Binmei(2013)所言，话语标记语在课堂教育中的重要性应该得到充分的认识 (Hays,1992; Hellermann & Vergun,2007;Sankoff et al,1997)。

(3)话语标记语的态度

关于话语标记语的态度，相关研究极少(Fung,2011)。总之，国外相关研究(Fuller,2003)主要集中在其属性和功能的理论探讨，实证研究较少。鲜有实证研究探讨话语标记语的频率。

(三)国内外现代汉语话语标记语

国内400多篇相关研究中，约50多篇研究汉语话语标记语，数目小，可归为三类：①主要探讨其语义功能(冯光武,2008;刘丽艳,2006 等)。②考察个别话语标记语的语法化过程(黄旻婧,2014)。③探讨二语习得者话语标记语的习得和应用(樊庆辉,2011;卢婷,2014 等)。比如，樊庆辉(2011)以中级汉语水平的俄罗斯留学生为受试者,以主观情感类汉语话语标记语为研究对象,探讨受试者对研究对象的习得情况和阶段性特征。总的来说,在俄罗斯留学生习得话语标记语的过程中,留学生的运用呈现如下的特点:在其研究会话的初期,留学生在交际过程中还不能形成目的语思维方式,在该研究会话的中期,这种目的语思维方式也没较好成型;虽然在会话的最后阶段,留学生能自如运用个别话语标记语,对个别话语标记语的语义虚化和语用功能习得较好,但是在该研究的会话中间期,在运用大多数话语标记语方面,留学生还不能较好完成目的语和母语的语码转换。

国外约120篇中仅有个别研究与汉语话语标记语相关。相关研究少。可分为:①个别研究某个话语标记语的用法或功能(Charles,1991);Liu Binmei (2009)以母语为汉语的第二语言习得者为受试者(大学本科毕业生)运用社会语言学的个人访谈,以话语标记语的频率和功能为研究内容,描写和分析了研究语料中的十个话语标记语,本研究集中探讨了研究语料中出现的这十个话语标记语的语篇功能、人际功能、频率。②个别探讨某个或某类话语标记语的语法化过程(Wang Wei,2017)。③个别探讨话语标记语外语习得(Yeh & Huang,2016)。

(四)国内外语用迁移

语用迁移涵盖语用语言迁移和社交语用迁移。国内相关研究主要包含:①某类言语行为的语用迁移现象(王绍斌,2007;黄春兰,2009等);熊薇薇(2006)的研究目标为话语标记语 you know,通过语料库研究汉语为母语的英语学习者如何运用话语标记语 you know,并辅以问卷调查结果作为补充材料。熊薇薇(2006)的研究结果表明:中国英语学习者运用话语标记语的频率低于英语本族语者;与书面语言相比,中国英语学习者在口语中更频繁使用话语标记语。熊薇薇(2006)认为:在母语为汉语的英语学习者运用话语标记语的过程中,这些因素起更大作用:①语用迁移、语篇与语言水平不足;②语用迁移的身份构建、表现形式等理论及其影响因素(卢加伟,2010;郭姗姗,2016等);③语用迁移与外语教学(魏玉燕,2001;卢加伟,2010等);④语用迁移的跨文化交际现象(张辉,1994;范红等,2001等)。

国外相关研究一般比较英语学习者和英语母语者在运用拒绝、建议等英语言语行为策略上的差异(Allami,2011;Cuesta,2015等)。表明英语学习者母语较明显地影响其运用目标行为策略。Wannaruk Anchalee (2008)运用语篇测试探查了泰语母语者、美式英语本族语者如何使用其本族语中的拒绝行为和母语为泰语的英语学习者如何在英语中运用拒绝行为,提出外语学习者在选择什么样的拒绝策略和在什么情况下运用拒绝策略时,受其母语的影响很明显;第一语言或母语的文化特征也是影响语用迁移的因素之一;由于外语或者第二语言习得者语言能力较低,目的语的语用知识匮乏,他们更容易把他们母语或者第一语言的语用模式迁移到外语或者第二语言习得中。Wannaruk Anchalee (2008)的研究有其一定的价值。该研究表明:学习者在习得母语或者第一语言过程中已习得的社会语言规则会影响今后的外语或者第二语言习得,且这种影响是巨大的。Wannaruk Anchalee (2008)的研究表明当学习者运用语用规则的时候,学习者的目的语语言能力会产生影响;换句话说,外语学习者的目的语语言能力越低,且语用知识不丰富,语用迁移越容易发生。然而,与大多数语用迁移的研究相同,这些研究的重点集中在社会语言规则的迁移,关于语用语言学迁移的研究相对较少,因此,亟待更多的语用语言学迁移研究。至于语用语言学迁移如何影响外语或者第二语言习得进程,需要未来研究者给出答案。而且,该研究暗示了外语或者第二语言习得者的语言能力与语用语言学迁移存在着一定的关系,然而,在话语标记语习得过程中,两者具体如何关联还需要未来研究进一步探索。

Aktuna & Sibel (1997)的研究运用情景角色扮演活动探讨母语为土耳其本族语者,英语本族语者,土耳其高级英语学习者在运用惩戒这一语言行为方面的差异,具体探讨同一言语行为在三种语言语料库中实现的类型和出现的频率,研究得出结论:正迁移和负迁移现象都存在于高水平者第二语言习得过程中;由于社会语言能力的缺乏,负迁移现象表现得很突出,另外,研究者们还证明:社会语言能力并不等同语法能力。Aktuna & Sibel (1997)的研究有诸多可取之处。Aktuna & Sibel (1997)的研究证明社会语言语用正迁移和社会语言语用负迁移均存在。根据 Aktuna & Sibel (1997)的研究结果,学习者的母语或第一语言可能会加速学习者习得外语或第二语言中的某些言语行为;根据研究结果,社会语言能力的习得不必与语法能力的发展一致。关于语言能力发展与语用能力发展的关联,尤其探查语言能力与语用语言学迁移之间的关系,相关研究甚少。期待未来更多的相关研究。本研究也会就上述问题给出建设性的建议。

Allami Hamid & Amin (2011)运用语篇测试探讨英语本族语者与非英语本族语学习者在运用"拒绝"行为时的不同。该研究结果显示:在非英语本族语学习者执行"拒绝"言语行为时,语用迁移是存在的;第二语言语言能力与语用迁移呈现正相关;在学习一门外语或者第二语言的过程中,在习得"拒绝"这一言语行为方面,掌握目的语文化的社会文化价值观是必要的。

Allami (2011)的研究探测了非本族语英语学习者在执行言语行为"拒绝策略"时,是否受到其母语的影响,得出如下研究结论:非本族语目的语学习者在使用目的语语言的过程中,会受到其母语中的社会文化模式的影响或者说学习者母语中的社会文化价值观会影响外语或者第二语言习得过程。该研究暗示提高学习者目的语的语用能力需要学或习得目的语文化的社会文化价值,学习者目的语文化社会文化价值的匮乏也导致学习者的语用错误;对于同一言语行为,由于不同语言社会文化模式的差异,其实现形式可能不同。上述研究结果显示:目的语文化的社会文化价值是语言习得过程中的重要部分。然而关于语用迁移的其他方面,比如语用语言迁移,应该引起研究者们的注意,原因是根据以往研究(熊薇薇,2008),语用语言学迁移对学习者外语或者第二语言习得过程中语用能力的发展产生影响。或许,这种影响是巨大的。

Borderia & Garcia (2006)的研究对象为语用知识(关于解释和给出建议);受试者为西班牙英语学习者;研究对象的目的语语言水平不同;研究方法为问卷调查和角色扮演。研究结果表明:西班牙语英语学习者和英语本族语学习者对建议的直接性感知度并不相同,或许,由于受到学习者母语的影响,两类学习者在感知和运用非传统意义的间接策略方面存在重大差异。

Borderia (2006)的研究是少数研究语用语言学迁移的研究之一,并且获得了有益的研究成果。该研究表明:在外语或者第二语言学习过程中,迁移是影响这一习得过程的重要因素之一。Borderia & Garcia (2006)、Wannaruk

Anchalee (2008)、Allami (2011)的研究有一个共同特点:外语学习者或者第二语言学习者在使用目的语的过程中,很容易受其母语的影响,因而外语学习者的目的语表达的适当性可能不足,其实,在某种程度上,语言学习的过程即为一个获得适当表达的过程。或许受到多种因素,比如,根据 Allami (2011)的观点推断,受到社会文化价值观的影响,外语或者第二语言习得者可能更为复杂,很可能,学习者会经历更加曲折的习得过程。比如,Allami (2011)提出,社会文化价值是影响学习者运用语用项目的因素之一。根据百度的解释,文化价值观的特点有多元、多层、多样三个方面。这些特点表明与文化价值观有关联的元素应该是复杂的。Allami (2011)的研究表明"拒绝"这一言语行为策略与社会文化价值有关,因而可以推断,语用项目的习得可能是复杂的。在本研究中,语言表达的适当性也是关注的问题之一。就话语标记语 you know 而言,英语中介语学习者对其使用可能会因其母语影响而与本族语者的使用不同。

【评论】

根据 Kasper (1992,209)对迁移的定义,"学习者母语或者第一语言中的特定语言项目的言外之力或者礼貌值会对第二语言中的形式功能映射产生影响"。熊薇薇(2006)的研究谈到语用迁移是影响话语标记语使用的因素之一,属于语用语言学迁移的一部分。然而,凡事都有两面性。她的研究比较了中介语学习者语料库和目的语本族语者语料库研究对象的频率。认为语用迁移是影响两个语料库研究目标频率差异的主要因素之一。她描述了迁移的定义和迁移的历史;谈到了语用迁移的概念、语用迁移的类型,并举例阐明两种类型的语用失败。然而,熊薇薇(2006)的研究焦点并非语用迁移和话语标记语的结合,或者说并非聚焦语用迁移如何影响学习者使用话语标记语 you know。本研究把语用迁移的相关研究向前推进一步,展示了语用迁移在外语学习者学得话语标记语中的作用过程。对相关语用迁移研究是一个有益的补充。上述论证充分证明本研究的开展有充分的理论和实证理据。

【综合评论】

总体来说,关于语用迁移的相关研究,已经向前迈进了一大步。绝大部分(Borderia & Garcia,2006;Allami Hamid & Amin,2011 等)研究集中在社会文化和社会语言方面。很少研究(熊薇薇,2006;杨晓霞,2006 等)涉及语用语言学迁移方面。进一步来说,几乎所有的研究目标为言语行为,诸如道歉,拒绝,建议等等(Aktuna & Sibel,1997;Allami Hamid & Amin,2011 等)。关于语用迁移和话语标记语习得之间的关系,该方面几乎没有相关的研究。本研究将会丰富该方面的研究。具体而言,本研究将会阐明在外语学习者学得话语标记语功能的过程中,第一语言或母语中的语用知识和功能近似对等物到底起多大作用,或者说对学习者的话语标记语的功能习得会产生什么影响。顺便,本研究也将会弄清楚外语学习者的语言水平与语用语言学迁移之间的关系。

(五)第二语言习得领域内的迁移实证研究回顾

在第二语言习得领域,在迁移领域,有几项研究影响力广泛。本部分具体描述 Gilquin 的研究。具体介绍如下:Gilquin(2008)的研究得到了广泛的认可。Gilquin(2008)的研究提出了一个迁移模式,该迁移模式可以被用来发现迁移、解释迁移、评估迁移;在发现迁移方面,两种类型的比较很重要:目的语和中介语的比较,中介语和中介语的比较;如何解释迁移现象呢?两个语言项目的跨语言对等度是不可忽视的元素;迁移评估涉及正迁移、负迁移;频率也是需要考虑的重要因素。Gilquin (2008)的研究优点如下:根据 Gilquin (2008)模式,我们可以对迁移进行透彻而精确的研究。遗憾的是,基于各种条件的限制,许多对迁移的研究很难满足 Gilquin(2008)所提出模式需要的条件,从而对迁移的大部分研究可能不够全面也不够精确。本研究在前人研究的基础上,力图对迁移进行较为全面而准确的研究。尽量满足 Gilquin(2008)模式所需的基本条件。本研究的具体描述如下:首先,依据 Gilquin (2008)迁移模式,我们要探明迁移现象是否存在。如 Gilquin (2008)所言,我们可以通过比较外语学习者对 you know 和"你知道"的使用差异以实现上述目标。借鉴 Gilquin (2008)的研究成果,本研究拟通过问卷调查,对于假定的学习者母语和目的语对等物,我们可以了解在多大程度上其使用存在一致性。具体而言,我们假定目标话语标记语 you know 是汉语话语标记语"你知道"最接近的功能近似对等物。通过问卷调查,我们可以了解学习目标和学习者母语中的功能近似对等物在多大程度上是一致的。虽然在笔者学习英语的过程中，感知到在运用 you know 的过程中，外语学习者很可能会受其汉语功能近似对等物"你知道"的影响，但是不确定外语学习者在使用 you know 功能的过程中在多大程度上受到"你知道"的影响，问卷调查的结果能帮助我们对两者功能的对等性程度得出较为有说服力的结论。其次，本研究部分结果借用他人的成果，拟对目的语和中介语功能近似对等物的频率和功能使用进行比较，这样，我们能确定或者识别中介语学习者运用 you know 过程中语用迁移现象的类型，即，语用迁移类型具体属于正迁移还是负迁移。可以说，本研究对迁移的探查较为全面。因此，本研究设计可能有更强的合理性。

关于迁移，除了 Gilquin，另一项有广泛影响力的研究来自 Lowie (1998)。本段落具体介绍该研究。根据 Lowie(1998)的观点，高相似度的两门语言的语言形式可能会促进第二语言习得；翻译对等物对目的语水平高的学习者影响最大，究其原因，"目的语水平高的学习者接触的输入量大，因此更能意识到和相似度高的翻译对等物共同概念特征"(Lowie,1998,193)；翻译对等物的相似度越高，越有利于输出第二语言；翻译对等物的对等度取决于两个语言形式重叠的数目，两者成正比；第一语言习得和第二语言习得是不一样；在第一语言习得过程中，概念和词注同时产生；而在第二语言习得过程中，由于概念表征在第一语言习得过程中已经形成，第二语言习得者的过程可以说是一个匹配过程，具体而言，"把学习者已经建立的概念表征与第二语言要建立的词注匹配起来"(Lowie,1998,130)；因此，探究"在哪种程度上第一语言和第二语言重叠"(Lowie,1998,130)是重要的。Lowie (1998)的研究是迁移领域的重要成果，在很大程度上推动了迁移研究。该研究涉及不同语言的功能近似对等物，阐明了功能近似对等物与语用迁移的关联。另外，该研究还从第二语言习得角度弄清了语用迁移中近似对等物的影响与语言水平的关系。可以说，该研究引领了近似对等物的研究，指明了该领域未来研究的方向。虽然该研究得出结论：在第二语言输出过程中，相似度高的翻译对等物促进了第二语言输出，但是，由于口语转瞬即逝的特征(宋秀平,2011)，学习者的母语或第一语言中的近似对等物具体如何影响学习者口语输出一门外语或第二语言中的相关语言形式,还需未来研究进一步探讨。本研究的研究对象为中介语学习者母语中的话语标记语“你知道”和其中介语中的 you know。上面已经提到,you know 在汉语中存在多个译文版本,在功能上,“你知道”与之最为接近。本研究结果拟进一步推动功能近似对等物的研究。本研究在 Lowie 的研究基础上更进一步,拟解决 Lowie 的研究没有解决的问题,即弄清楚功能近似对等物在学习者学得或者习得一门外语或者第二语言时在多大程度上起作用。

(六)语言习得范畴之外的话语标记语 you know 的研究

关于话语标记语 you know 的研究,梳理起来主要有如下三种类型:第一类型涉及该话语标记语功能的理论阐述,关联理论框架的典型性研究为 Fox Tree & Schrock(2002)和冉永平(2002)的研究。连贯理论框架的典型性研究为徐飞(2008)的研究。笔者认为该类研究仅仅局限于对话语标记语 you know 功能的理论描述,极少把理论研究和实证研究结合起来。如果相关研究结合了理论和实证,该方面研究的效度均会得以提升。以“你知道”为例,一些学者(如陶红印,2003)的研究显示:大家对某些话语标记语核心功能的看法可能不一致。考虑到大家对话语标记语的核心功能意见不一致,笔者认为,话语标记语的语法化和语用化过程或许已经预示话语标记语的核心功能并非固定,会因多种因素而变化,比如,交流者的年龄、性别等。

第二类主要涉及话语标记语 you know 的语用功能。代表性的研究者为 Fung & Carter(2007)和徐捷(2009)。Fung & Carter(2007)比较了中国香港地区的英语外语学习者和英语本族语者在运用话语标记语方面的差异。研究结果表明:香港的英语外语学习者只会运用一些话语标记语的一些功能。Fung & Carter(2007)的研究对话语标记语进行了分类,该研究也涉及话语标记语的比较。相比之下,徐捷的研究缩小了话语标记语的研究范围,研究对象集中,集中研究话语标记语 you know。徐捷分析了话语标记语 you know 在中介语语料库(SECCL)和本族语者语料库(SBCSAE)中的功能。数据分析表明:两个语料库中话语标记语 you know 的输入频率差异大。徐捷研究聚焦描述母语为汉语的英语学习者运用话语标记语 you know 的使用频率。

Erman(2001)运用语料库比较了青年人和成年人对话语标记语 you

know 的运用情况同时探讨话语标记语 you know 在意义和功能上呈现什么特征;结果表明:话语标记语 you know 的元语言功能和社会监控功能似乎受到青年人的偏爱;相比较而言,成年人更喜欢话语标记语 you know 的语篇组织功能。根据研究结果,话语标记语 you know 的功能并非不变的,话语标记语 you know 的功能会经历进一步的语用化,最终话语标记语会经历语法化,成为一个语法词素。Erman(2001)的研究使我们对话语标记语的语法化过程有进一步的洞察。

第三类谈到影响话语标记语运用的因素,相关研究很有限,典型的有 Trillo(2002)研究,Trillo(2002)的研究视角新颖,探查了石化和话语标记语功能运用之间的关系。

【评论】

上述描写概述了对话语标记语 you know 的研究。以往研究内容集中在如下两个方面:要么从理论视角阐述话语标记语的功能(徐飞,2008),要么仅仅描述话语标记语的功能(刘丽艳,2006)。极少研究涉及话语标记语的习得过程以及系统纵深探讨影响这一习得过程的因素。考虑到 Lowie(1998)的观点,翻译对等物对第二语言词素类型的习得和使用起积极的影响,这个促进效果已经得到了实证验证(Lowie,1998,133)。

根据 Lowie(1998)的观点,在第二语言或者外语学得过程中,母语语言对应式可能会起作用。如上所述(刘丽艳,2006),you know 在汉语中可能有三个近似翻译对等物:“你知道”“你知道吗”“你知道吧”,所以当研究母语为汉语的学习者如何运用话语标记语 you know 时,为了纵深探查这一话题,母语对应式的影响是要考虑的可能因素之一。而且,上述相关研究(如熊微微,2008)只是谈到了与话语标记语学得相关的影响因素,仅仅提及语用迁移是影响因素之一,遗憾的是,鲜少对话语标记语学得影响因素的纵深探讨。本研究可被视为相关研究的拓展和补充。

(七)话语标记语“你知道”研究

关于话语标记语“你知道”的实证研究并不丰富,典型的研究如下:陶红印(2003)认为,该格式“你知道”正在朝话语标记语的方向演化。陶红印还归纳了该格式的功能:核查功能和提醒功能。“你知道”该格式中间不能插入其他成分；位置较为灵活，可置于句首、句尾、句中；没有命题意义；语法上是一个独立的个体，“你知道”所具有的这些特征正好符合话语标记语的属性（刘丽艳，2006）。刘丽艳（2006）把“你知道吗”和“你知道吧”看作是“你知道”格式的两种变体。得出如下结论：说话人运用“你知道”假定所提供的信息为交际双方所共有，以便听话人更容易理解说话人的信息。杨晓霞（2006，引自宋秀平，2011）还总结了其语用功能，提出“你知道”执行如下语用功能：新信息引入、核查理解、提醒注意、深化信息共享。张聪燕（2008）认为该格式具有话语标记语的共有属性：可以出现在句中的任何位置或者说位置不固定，不具有命题意义；具备多项语用功能：起始话题、转移话题、强调前文等；其核心功能为提醒听话人的注意。根据宋秀平（2011）的研究结果，话语标记语“你知道”的功能有如下分类：人际功能，认知功能和语篇功能。

【评论】

上述研究为未来研究提供了坚实的前期基础。陶红印（2003）对格式“你知道”特征的讨论让我们有足够多的证据证明“你知道”的话语标记语属性。陶红印（2003，298）的研究提到了格式“你知道”和 you know 无论是功能还是熟语化程度都有相似之处。陶红印（2003）的研究为今后相关研究指明了方向，或者说引领了该方面的研究。具体而言，我们不妨借用以往研究中话语标记语 you know 的相关理论框架纵深研究格式“你知道”的语用功能。比如，我们可以在关联理论、连贯理论、语用迁移理论等等框架下对格式“你知道”进行研究。刘丽艳（2006）的研究价值同样高，刘丽艳（2006）从认知角度剖析了“你知道”及其变体“你知道吗”“你知道吧”的功能；详细阐明了这些格式的核心功能，但是，其对功能的阐述主要聚焦于这三个格式的核心功能；至于这些格式的边缘功能，比如“你知道”的语篇功能，某些认知功能等等不在刘丽艳的研究范围之内。我们可以借鉴杨晓霞（2006）对话语标记语的位置和频率的研究。杨晓霞举例谈到了话语标记语“你知道”的功能，谈到了该话语标记语功能的位置，比以往研究增加了新的研究维度：位置，可以说，杨晓霞（2006）的研究对象较多。就语用功能而言，杨晓霞（2006）的研究聚焦于其概括性特征，关注点并非各种功能的具体运用频率。

张聪燕(2008)界定了话语标记语属性并阐释了其语用功能,为今后对其他话语标记语的研究指明了方向,并提供了可借鉴的参考模式。话语标记语领域还有众多方面有待研究,比如,今后可分析其他汉语词块的属性和语用功能,比较功能近似话语标记语之间的差异,比如,well 和 all right。比较中外功能近似话语标记语的语用功能。比如,比较 you know 与“你知道”“你知道吗”“你知道吧”之间的语用功能之间的不同。笔者(2011)的研究较为简单,不太深入,仅仅运用关联和连贯理论调查了汉语话语标记语“你知道”的人际、认知、语篇功能。宋秀平(2011)以关联和连贯理论为框架运用问卷讨论了汉语本族语者大学生对话语标记语“你知道”的功能使用情况。宋秀平(2011)把“你知道”的功能分为如下三类:人际、认知和语篇功能,该研究丰富了话语标记语的多角度研究。通过上述研究,格式“你知道”的话语标记语属性得以确定。然而,我们需要对话语标记语“你知道”的功能有更多的了解。同时,也为今后比较英语话语标记语 you know 和汉语话语标记语“你知道”的研究设置了很好的前提。

【评述】

本部分首先回顾了与本研究相关的理论知识。理论知识涉及话语标记语的重要性,话语标记语 you know 和“你知道”的语用功能,语用迁移的分类,迁移和语言习得的关系,最后笔者得出结论语用迁移属于语言习得范畴的重要部分。关于实证研究,本部分谈到了国内外英语话语标记语,国内外现代汉语话语标记语,国内外语用迁移,第二语言习得领域几项重要的迁移领域研究,第二语言习得范畴之外的目标话语标记语 you know 和“你知道”的研究。

关于国内英语话语标记语,英语话语标记语的本身特征(功能、用法、翻译)及语法化是绝大部分研究(冉永平,2002)的内容;有一些(如王立非等,2005)集中话语标记语的使用,这一部分(如陈伟,2009)主要是比较和对比研究,比较和对比两类学习者(外语学习者和英语本族语者)使用英语话语标记语方面的频率和类型,一些研究(徐捷,2009)触及一些话语标记语的具体功能。关于国外英语话语标记语,研究不如国内丰富,主要(Brinton,1996)关注英语话语标记语的本身特征(功能、特征等)及语法化,重点

(Borderia 等,2021)关注英语话语标记语的语义或语用功能。极少(如 Fuller,2003)探讨英语话语标记语的使用,极少(Fuller,2003)对比研究,极少(如 Trillo,2002)研究英语话语标记语的影响因素(活动语境、学习者母语、语用石化等等)和态度。关于国内外现代汉语话语标记语,相关研究少,国内比国外研究多一些。国内(冯光武,2004)汉语话语标记语主要探讨其语义功能;考察二语习得者对话语标记语的习得和应用(如樊庆辉,2011);探讨个别话语标记语的语法化过程(黄旻婧,2014)。国外相关研究极少。研究涉及某个话语标记语的用法或功能(Charles,1991);某个或某类话语标记语的语法化过程(Wangwei,2017);话语标记语作为一门外语的习得(Yeh & Huang,2016)。

关于语用迁移,涵盖语用语言迁移和社会语用迁移。国内相关研究包含如下几个方面:①某类言语行为的语用迁移现象(王绍斌,2007);②语用迁移的身份构建、表现形式等理论及其影响因素(卢加伟,2010);③语用迁移与外语教学问题(魏玉燕,2001);④语用迁移的跨文化交际现象(张辉,1994)等。国外相关研究对象大多为英语言语行为策略(拒绝、建议等)(Cuesta,2015 等)。关于第二语言习得领域内的迁移研究,笔者主要回顾了 Gilquin(2008)的研究和 Lowie (1998)的研究。Gilquin(2008)在其研究中提出了一个迁移模式。我们可以运用该迁移模式发现迁移、解释迁移、评估迁移。Gilquin(2008)的迁移模式可以使我们对话语标记语进行透彻而精确的研究。Lowie (1998)的研究也比较有影响力,提出语言间的相似成分在语言习得中起促进作用,且语言间的相似度和促进作用成正比,该研究谈及不同语言的功能近似对等物,解释功能近似对等物在语用迁移中的影响。可以说,该研究引领了近似对等物的研究,指明了该领域未来研究的方向。

该部分总结了过去几十年的相关研究,是本研究的相关理论和实证综述。对未来研究提出了有建设性的建议。综述表明:在语言习得框架研究语用迁移有一定价值。理论和实证综述也表明:语用语言学迁移研究需要进一步丰富。同时以往研究也为今后的相关研究打下了良好的基础。

第二章 话语标记语的影响因素

该部分介绍了影响外语或者第二语言学得和语用迁移的因素。另外，本部分详述了 Lowie(1998)研究史中学习者如何习得新的概念，并且详述影响新概念习得过程的重要因素。该部分介绍了影响语用迁移的因素，其中语言因素涉及语言水平和语用能力(Takahashi & Beebe,1997)、语言距离(Istvâan & Tèunde,2000)等。Istvâan & Tèunde(2000)表明在双语教育儿童获得多能力语言加工机制之前，他(她)们母语或者第一语言习得时形成的思维模式主导他们的第二语言习得进程。Istvâan & Tèunde(2000)认为：他们同意 Grabois 的观点，在第二语言习得过程中，参与课堂话语这个行为比学习话语本身更重要，原因是真正参与到话语中会牵涉到会话各方的意义磋商，并且会话各方会亲临其境会话本身。Lowie(1998)还介绍了语际激活的概念、步骤，第一语言与第二语言习得过程的差异。根据王初明(2003)提出的补缺假说，在外语学得环境中，由于缺乏真实语境，很难把目的语语境知识与目的语语言形式有机地结合起来，因而在理解和输出目的语知识的过程中，母语语境知识介入补缺，进而激活与母语语境知识配套的母语表达式(王初明,2003,3)。

关于影响话语标记语的社会因素，郑群(2014)和阴瑛(2008)对该方面有详尽的论述。影响话语标记语的社会因素有宏观因素和微观因素，就话语标记语 you know 而言，从宏观角度来讲，话语标记语 you know 的使用受到年龄、性别、社会阶层的影响(郑群 2014)。阴瑛(2008)谈到了影响话语标记语使用的如下因素：文化差异、性别和地位差异、文体差异、人际关系距离等。

第一节 语用迁移的影响因素

一、语言因素

(一)突显度

在影响迁移的因素当中,突显度应该被视为克服迁移的积极因素之一。根据 Schmidt 的观点(引自宋秀平,2008),物体本身的突显度和注意关联,两者成正比。Skehan (1998a,引自宋秀平,2008)为了让学习者注意到学习目标,我们可以改变物体的突显度。

(二)语言水平和语用能力

Borderia-Garcia (2006)这样描述语言能力,语言能力包含两类成分:一类被称为组织知识,另一类被称为语用知识;其中,组织知识(organizational knowledge)的构成成分包含语法知识和篇章知识,语用知识涉及多种元素,包含话语、语篇、语言运用者的意图、语境等(Borderia-Garcia,2006)。基于 Borderia-Garcia (2006)的描述,还不能弄清楚语用习得与语法习得的关联,根据相关的研究和理论,我们还不能弄清楚两者的关系。语法习得和语用习得不同(Kasper & Rose,2002,引自 Borderia-Garcia,2006)。Borderia-Garcia(2006)认为中介语语用习得本质非常复杂(Kasper & Rose,2002,4)。关于“语用知识的习得过程”(Kasper & Rose,2002,引自 Borderia-Garcia,2006,2)和其影响因素,目前“知之甚少”(Kasper & Rose,2002,引自 Borderia-Garcia,2006,3)。关于语用能力与语言水平之间的关系,学者们观点不一致,引起众多学者的争论(Kasper & Rose,2002,引自 Borderia-Garcia,2006,4)。

关于第二语言能力与语用迁移的关系,Takahashi & Beebe(1987)提出,第二语言水平促进语用正迁移。Maeshiba, Yoshinaga, Kasper, and Ross (1996,引自 Takahashi,2000)以语用迁移和语言水平的关系为研究内容,得出的结论与 Takahashi & Beebe(1987)的结论不一致。根据 Takahashi(2000)的研究,在检验语用迁移的过程中,我们必须考虑一些非结构因素,这些非结构因素包括:语言能力,外语习得环境、语篇熟悉度等。值得一提的是,自从第二语言习得主流研究探讨心理语言学之后(比如,Kellerman,1986),语用迁移研究主要关注语用迁移的一个因素:学习者的感知(引自 Takahashi,2000)。

(三)习得语境

根据 Taguchi Naoko(2008)的描述,第二语言习得环境比外语环境对语用发展有更多的优势,两者的环境性质不同,第二语言习得环境之下,学习者"有更多的机会获得语用意识,他们可以分析本族语者模式中的语用特征,并把这些语用特征和环境联系起来,在外语学得环境之下人们没有很多机会观察本族语者如何传达适当层次的礼貌和正式性"(Taguchi Naoko,2008,426)。

(四)输入的量和质

对双语学习者而言,输入匮乏对词汇习得不利(Umbel & Oller,1994;Anderson,1999;引自 Unsworth,2008)。关于语言输入,根据 Rothman(2010)的研究,考虑到语言运用的多变性和可选择性,这种情况在高水平的语言习得者中也同样存在;我们假定外语或者第二语言学习者和目标语本族语者接触到不同的输入,这种不同体现在性质上;第二语言习得者在课堂中获得的反馈与目的语言输入有差异;这种习得环境会使习得过程更为复杂。

有学者对输入进行了深入的论述。比如,对比自然环境下的语言输入和课堂环境下语言输入(闫晓宇,2016),探讨输入的类型以及特点(戴曼纯,1997)等。具体描述如下:闫晓宇(2016)论述了语言输入如何影响语言习得,并且对比了自然环境下的语言输入和课堂环境下语言输入的优劣,其中比较了它们两者在语言输入的量和语言输入的质方面的差异。戴曼纯(1997)阐述了几个输入类型及其特点,得出结论:凡是有效输入,均有一个共同特征,即为:可理解性。根据戴曼纯(1997)的观点,自然输入为目的语本族语者输出,在交流过程中未经调整;关于中介语,戴曼纯(1997)认为个体差异性和不稳定性是中介语的特征;学生中介语输入中不合语法的成分较多,绝大部分教师中介语输入符合语法。

(五)个人的爱好和语言距离

语言距离和语言习得者的爱好是影响语用迁移的主要因素。关于语言距离,如果学习者认为目的语和外语或者第二语言相近,那么迁移可能会发生(Istvâan & Tèunde,2000)。正如 Istvâan & Tèunde(2000,111)所言,“两个或者更多语言的语用语言模式的特殊性和相似性影响(regulate)语用迁移(Kasper & Blum-Kulka,1993)”。进一步来讲,根据 Istvâan & Tèunde(2000)的观点,除了学习者的母语或者第一语言,学习者对于语用形式的个人喜好也是影响语用迁移的因素之一。根据 Olshtain (1983)的研究结果,在语言习得过程中,语言感知对语用迁移的影响或许是不可忽视的,假如一个学习者认为不同语言间的语用形式都是通用的,那么语用迁移在语言习得过程的影响力是极大的,假如学习者认为不同语言间的语言形式都有具体语言的特征,语言迁移影响力就很小(引自 Borderia－Garcia,2006,45);Olshtain (1983)还提出学习者对言语行为的感知影响言语行为策略的使用。

根据 Istvâan & Tèunde (2000,108)的观点,在语用发展过程中,“学习者有更多的自主权”,或者说,学习者个人对语用单位和语用态度的发展影响很大;在语言行为的选择方面,学习者个人起支配作用。关于语用迁移的其他方面(Fouser,1997),比如,元语用知识,个人偏好,认知变量,正规教育差异,像语言迁移一样,均影响学习者语用能力的发展。在语用模式发展的过程中,外语学习者已经学得的语言中有些语言模式并非具备语言共性特征,体现了某些语言的个体特征,这些语用模式或许会影响学习者语用模式的选择 (Fouser,1997)。就认知风格而言,认知宽度是需要考虑的因素之一。就认知风格而言,种类宽度是值得注意的因素之一。“种类宽度指的是有些人倾向于把很多元素包括在一个种类之中”(Larsen-Freeman,1999,194),甚至包括不适当的元素;“这种风格也表明有些人倾向于把一些元素排除在某个种类之外,即使这些元素属于这个种类”(Larsen-Freeman,1999,194).

【评述】

这一部分很好地解释了上述因素对语用迁移的影响,以及上述因素如何对语用迁移产生影响。根据 Schmidt (宋秀平,2008,29)的观点,“其他条件一致(equivalent)的情况下,语言形式感知度高的语言形式被学习者注意到的可能性更大”。“只有被注意到的输入才会被进一步加工”(宋秀平,2010,5)。因此,考虑到上述论断(宋秀平,2008),为了更好地习得或者学得一门语言,应该设法提高语言形式的物理感知度以便语言形式或者语用行为受到应有的注意。关于语用能力与语言水平之间的关系,学者们观点不一致,引起众多学者的争论(Kasper & Rose,2002,引自 Borderia-Garcia,2006,4)。

就学习者的语言水平而言,上面论述(Borderia-Garcia,2006)表明:在语用研究领域,关于语言能力的作用并没有产生一致的研究结果,存在很多争论。笔者的观点是:考虑到影响语用知识习得过程的诸多因素,比如话语、语篇、语言运用者的意图、语境等(Borderia-Garcia,2006);还有一些非结构因素,比如,语言能力,外语习得环境等(Takahashi,2000)。或许,语用知识随着个人和社会语言因素而变化,或许语言水平和语用能力的关系因语用行为类型不同而变化。

就语境而言,外语学得语境带来了一系列与学得相关的问题。考虑到输入的量(Umbel & Oller,1994;Anderson,1999;Unsworth,2008)和输入的质(Rothman Jason,2014)对语言习得可能会产生的影响,为了让学习者更好地学得一门外语或者第二语言,学习者获得充分而高质量的输入应该是必要的。鉴于第二语言习得环境比外语环境对语用发展有更多的优势(Taguchi Naoko,2008),因此,为了有利于学习者习得一门外语或第二语言,如何创造一种接近目的语本族语者的习得环境可能也是未来相关研究值得关注的问题。

由 Kasper(1981,引自 Kasper,1992)的观点可推断出,就语言距离和个人特征而言,教师的指导在学习者语言使用中起很大作用,能让学习者感知到在语用语言和社会语言层面哪些语言现象是可迁移的,哪些是不可迁移的。笔者赞同以往学者(Kasper,1981;Istvâan & Tèunde,2000 等)的观点,非结构因素,如习得环境、语言距离、个体偏爱,在很大程度上影响习得过程,这些非结构因素在很大程度上受到教师的影响,可以说课堂教学也是影响语用迁移的原因之一。在本研究中,笔者将通过实证研究检验上述因素在语言习得中的作用,拟证明在多大程度上上述因素促进语言习得。

二、语言习得领域的迁移因素

(一)Lowie 的语言习得观点

笔者介绍一种元模型作为补充,该模型由 Schreuder & Baayen(1995)提出。根据该模型,如果儿童已经习得了带有透明度高的词缀-ness 的单词,它的子模式,也即-ness 词缀被同时激活,与子模式相关的语义和句法节点也被共同激活,结果,一个独立的词注节点-ness 形成了,然而,这个词注节点只是暂时的;正确解读概念还需要额外的语义和语用信息,需要把额外的语义和语用信息、适当的句法信息与这个临时独立的词注节点-ness 进行匹配,最终,由于共同激活的作用,一个独立的词项-ness 产生了。

该过程隐藏有如下的论断:在这一阶段上,如果新的概念表征不存在,那么建立新的词注相当于建立新的概念表征(Lowie,1998,88)。根据 Lowie(1998)的观点,以词缀习得为例,儿童习得这个词缀完整的概念需要一个渐进的过程,最初只是有限的一些词缀特征,只是到了后来,儿童发现并且建立了更多的概念表征,这些概念表征与词注相匹配,最终儿童习得了这个词缀的完整的概念。顺便说一下,已经习得该门语言的成年人拥有该词缀的完整概念;只有一个操作原则无法让学习者习得一个词素完整的概念,需要多项操作原则的共同作用,这些操作原则包含透明度、简易性、频率、多产性。

【评述】

根据 Schreuder & Baayen(1995)和 Lowie(1998)的词项习得的观点,外语学习者学得话语标记语的过程可能这样展开:以话语标记语 you know 的功能习得为例,外语学得者学得这个话语标记语完整的功能需要一个渐进的过程,最初只是掌握 you know 有限的一些功能特征,只是到了后来,外语学得者发现并且建立了 you know 更多的功能特征,最终外语学得者学得了这个话语标记语完整的功能特征。

(二)目的语翻译对等物习得

该部分描述 Lowie(1998,98)的观点,具体表述如下:Lowie(1998)认为不同语言的词条由于具备共同的语义信息,来自其他语言的词项可能会通过激活反馈被激活,或者说,如果两门语言的词项有共同的语义信息,任何一门语言的词项被激活的同时,由于激活反馈的作用,其他语言的相关词项也被激活,而且,共享的概念表征越多,语际共同激活越强(Lowie,1998,98);关于语际激活,在外语学得的过程中,当学习者首次学得新词时候,对学习者而言,建立一个新的词注节点是必需的,相应地,也要建立与新的词注节点相关的句法信息和语义形式,如何建立与新的词注节点相关的句法信息和语义形式呢?我们要么可以依据上下文推断出新词注节点的句法信息和语义形式,要么我们借鉴第一语言已经存在的相关词注,借鉴第一语言现存的词注节点建立新词注的节点。并需要如下的条件:第一语言词注和新词注的概念表征有重叠,考虑到每门语言有自己的规格,第二语言表征对应一套自己的词注节点,在第二语言学得的初始阶段,可能,学习者形成一种潜意识的假设,根据这个假设,第一语言的词注和第二语言词注的概念表征是完全一致的,渐渐地,他(她)发现了第一语言和第二语言词注的差异(只要学习者接触目的语的自然输入或者肯定证据就会发现这些差异),具体而言,学习者运用了语言习得的对比原则发现了这些差异(顺便说一下,语言习得适用于第一和第二语言习得),在第二语言习得过程中,对于相似并非完全一致的成分,它们的概念表征有些是相同有些相异,学习者需要对现存概念的语义形式进行部分重构,部分重构过程要求学习者摒弃或增加与一些概念表征的匹配,第一语言或者母语习得与第二语言习得属于不同的过程,它们的具体差异如下:第二语言习得过程中如下的环节是不需要的:学习者给自己的知识库增加新的意义,大部分时间第二语言习得进程是一个映射的过程,这个过程把新的语言形式映射到现存的意义上,概念表征扮演语际调节的角色,纵然第一语言和第二语言有共同的概念特征,但还是假定某些词注节点有具体语言的特征或者说不同的语言有一些不同的词注节点,由于第二语言需要建立新的词注节点,第二语言习得过程中的映射过程与第一语言习得相似(Lowie,1998,107),在第二语言习得过程中,通常情况下,学习者不需要经历概念表征建立这个程序,一些概念表征在学习者习得第一语言的过程中已经在学习者的大脑中形成,既然在第一语言习得过程,学习者已经建立了某种程度上完整的一套概念表征，第二语言的习得速度和效果均会得以提升，在概念特征与语义形式匹配的过程中，如果不同的概念特征越多，这个匹配过程就需要更多的计算，因而，习得这样的词注不容易，准确来说，更加困难，跨语言的相似性在外语或者第二语言习得过程中起到决定性作用，究其原因，原因是这种跨语言的相似性影响共性特征的激活（Lowie，1998，109），最终，由于受到激活反馈的影响，学习者外语或者第二语言中与学习者母语或者第一语言中的具有共性特征的词注被激活。

【评论】

根据 Lowie（1998，98）共同激活的观点，在外语学习者学得话语标记语 you know 的过程中，由于话语标记语“你知道”和 you know 具备共同的功能，当英语中的 you know 功能特征被激活的同时，由于激活反馈的作用，学习者母语中的母语功能近似对等物“你知道”的也被激活，而且，“你知道”和 you know 共享的功能特征较多，两者之间共同激活程度较强。此外，Lowie（1998）还谈到了语际激活的具体步骤。相应地，由 Lowie（1998）的观点可以推断，在本研究话语标记语 you know 功能的习得过程中，由于“你知道”和 you know 相同的功能特征较多，这个匹配过程无需更多的计算，习得 you know 这样的功能更容易。

【评论】

中介语语用习得本质非常复杂（Kasper & Rose，2002，4；引自 Borderia-Garcia Ana Maria，2006）。在第二语言习得过程中，也需要新的词注节点；也需要“建立新的概念”（Lowie，1998，107），笔者赞同 Lowie（1998）的观点，在某种意义上，可以说第二语言或者外语习得与第一语言或者母语习得有诸多相似性，在有些情况下，第二语言或外语习得在某些方面（比如语用方面）是全新的“建立新的概念”（Lowie，1998，107）的过程。母语或者第一语言和第二语言或者外语的“句法和语义信息重合会促进第二语言习得”（Lowie，1998，109）。

（三）Istvâan & Tèunde 观点

该部分描述 Istvâan & Tèunde 的观点。根据 Istvâan & Tèunde（2000）对双语儿童的研究结果，如下观点被证实：在双语儿童多能力语言加工机制形成之前，学习者在输出第二语言时候，学习者的母语或第一语言的影响非常大，具体来说，这种影响来自学习者的母语或第一语言主导的概念基础。基于双语学习者的语料，发现多能力语言加工机制强调如下的知识和语用技能：更好的语言操作技巧、元语言意识、良好的互动风格、较为宽广的知识基础、多文化态度（Istvâan & Tèunde，2000，106）。Verhoeven（1994）实验结果证实了Istvâan & Tèunde（2000）的研究结论。Verhoeven对双语儿童的研究证实了迁移的肯定作用，表明：接受双语教育的儿童其母语或第一语言和目的语的语用技能和读写技能在双语教育中是相互依赖的；就接触第二语言输入而言，多语种的学习者接触的时间很早，甚至早至婴幼儿时期，这个语言加工机制在学习者的母语或第一语言与学习者的第二语言中有共有的根本的概念基础。Verhoeven的研究证明如下的结论：一旦双语学习者获得了多能力的语言加工机制，迁移将会对习得或者学得产生其对习得或者学得的积极影响。根据Istvâan & Tèunde（2000）的观点，可以这样描述共有根本概念基础的状态，如果双语学习者建立了共有根本概念基础，他们在第二语言会话中对给出话题的应答在语言组织上更好，运用情景适当，计划周详，这部分得益于双语儿童的多能力语言加工机制，然而，遗憾的是，并没有直接的证据来支持上述推论（Istvâan & Tèunde，2000）。在其双语教育儿童获得这种多能力语言加工机制之前，他（她）们母语或者第一语言习得时形成的思维模式主导他们的第二语言习得进程（Istvâan & Tèunde，2000）。那就是说，运用第二语言中的适当词汇依据母语或者第一语言习得过程中建立的模式、标准、激活序列，他（她）们执行所要求的交际任务（Istvâan & Tèunde，2000）。根据Grabois（1996）的观点，欲使第二语言成为学习者认知世界的手段，“需要第二语言调节双语儿童在生活中积累的足够丰富而集中的经验”（Istvâan & Tèunde，2000）。这样学习者就避免了把第二语言或者外语概念僵化地映射到第一语言上，结果，第二语言就成了调节工具（Istvâan & Tèunde，2000）。遗憾的是，课堂教学可能无法使学习者大量而集中地接触第二语言（Grabois，1996）。笔者认同Istvâan & Tèunde（2000，117）的观点。Istvâan & Tèunde（2000）认为：他们同意Grabois的观点，在第二语言习得过程中，参与课堂话语这个行为比学习话语本身更重要，原因是真正参与话语会牵涉会话各方的意义磋商,并且会话各方会亲临其境。然而,虽然学习者有机会参与意义磋商,但是外语学得语境下的会话参与者皆为非本族语者,与本族语者的习得环境相比,两种语境下同样的语言行为和会话活动在外语学得环境之下会卷入更多的变量,不利于外语学习者学得目的语(Istvâan & Tèunde,2000)。在多语发展的初始阶段,迁移有其特点,主要有结构迁移和词汇迁移,因为两门语言在语言词素和结构方面有相同和相异之处,且学习者对这些相同和相异之处敏感,所以学习者在语言学得中表现得不积极,后来,随着学习者共同根本概念基础渐趋完善,词汇迁移和句法迁移会越来越少或者逐渐消失,与多语发展的初始阶段的迁移现象不同,迁移现象主要可归为如下两类:语用迁移和知识迁移,学习者个人在语言习得过程中所起的作用越来越具有决定性,且这种作用是有意识的,或者说学习者在语言习得过程中的自主性越来越明显(Istvâan & Tèunde,2000)。Beebe and Giles (1984)强调提出:说话人的主观感情,价值和动机在习得语篇行为方面起决定作用。

【评述】

笔者认为 Istvâan & Tèunde (2000)观点更有说服力。Istvâan & Tèunde (2000)提出的共同根本概念基础(CUCB)是所有学习者努力达到的目标。笔者赞同 Istvâan & Tèunde (2000)的如下观点:母语思维主导外语学得进程,包括运用第二语言中的适当词汇依据母语中建立的模式、标准激活序列;多能力的语言加工机制促进正迁移的发生;充分认识到大量而集中地获得目的语输入的重要性;教师要重视学生课堂活动的参与,让学生置身于真实的会话活动中;对课堂教学环境中语言行为和语篇活动而言,存在的变量多;随着双语学习者共同根本概念基础渐趋完善,学习者在语言习得过程中所起的作用越来越具有决定性。

依据 Istvâan & Tèunde (2000)的观点,在外语学得过程中,我们要重视学习者母语在外语学得中的影响,克服学习者运用母语思维模式主导外语学得进程,让学习者在从事外语交际活动中避开照搬其母语的模式、标准、激活序列;设法培养外语学习者的多能力语言加工机制,充分利用外语学习者母语的积极影响;教师要设法让外语学习者真正参与会话活动,亲临其境各类会话活动;教师应该设法提供给学习者大量而集中的自然目的语输入,或者教授学习者认识到大量而集中的输入对学得一门语言的重要性;教师要认识到外语环境之下的语言行为和语篇活动的局限性,尽量减少语言行为和语篇活动的干扰变量;要充分认识到学习者本人在语言学得过程中扮演的重要角色;充分发挥学习者会话人的主观感情,价值和动机在习得语篇行为方面的作用。

(四)语境假说

根据王初明(2003)提出的补缺假说,运用目的语正确流利表达的一个前提是要把语言形式与语境知识适当地结合起来。在外语学得环境中,由于缺乏真实语境,或者目的语语境知识不足,很难把目的语语境知识与目的语语言形式有机地结合起来,因而在理解和输出目的语知识的过程中,"母语语境知识介入补缺,进而激活与母语语境知识配套的母语表达式"(王初明,2003,3),结果,母语迁移发生了。

第二节　话语标记语社会影响因素

关于影响话语标记语的社会因素,相关文献较少,笔者能查阅到有郑群(2014)和阴瑛(2008)对该方面的论述。具体描述如下:根据郑群(2014)的研究,就话语标记语 you know 而言,Erman(2001)提出年龄在话语标记语 you know 的使用上无显著区别,但是在表达功能上有差异。有学者认为性别影响话语标记语 you know 的使用,比如,östman(1981;Macaulay,2002 引自郑群,2014)指出与男性相比,女性较为频繁使用该话语标记语。有研究表明阶层是影响该话语标记语使用的因素(Huspek,1989;Stubbe & Holmes,1995,引自郑群,2014)。

阴瑛(2008)讲述了话语标记语使用的一系列影响因素。具体描述如下:话语标记语是语言的一类小词,它的使用反映说话者的"元语用意识"(阴瑛,2008,38),也是文化的反应;重视悟性和意合是汉语构思方式和语言组织方式的特征,因而,话语标记语在汉语文化中运用的频率低;关于性别和地位差异,语言的使用体现了男女在社会生活中的地位;身份地位使一个人倾向于运用某些话语标记语;关于文体差异,语篇的正式程度也影响话语标记语的使用,在口语语篇中,若是临场表达,由于缺乏时间准备,说话人倾向于运用话语标记语“组织话语”(阴瑛,2008,39),使听话人更好地理解自己,即使有些口头语篇是精心组织的,若和听话人有互动,说话人不可避免地要运用话语标记语表达自己的意图;在书面语篇中,因为话语标记语是“语言选择时的元语用意识”(阴瑛,2008,39)的反映,所以在书面语篇中也会出现,饱含作者的主观情感,可以说,在正式的语篇中,被用作表达会话人情感和态度的话语标记语的频率较低;关于人际关系距离,Jucker & Smith(1998)认为如果会话双方的关系密切,由于熟悉对话方的认知环境、背景信息等等,会话双方倾向于提供类话语标记语,相比之下,陌生人在会话中必须不断地“协商建立和更新”(阴瑛,2008,39)共享信息,陌生人更频繁地运用接受类话语标记语。

【总结】

本章节介绍了外语或者第二语言学得和语用迁移的影响因素;详细描述了 Lowie(1998)提出的学习者习得新概念的过程以及影响新概念习得过程的重要因素;描述了第二语言习得领域有关迁移因素的观点;谈到了王初明(2003)的语境假说观点。本章节介绍了影响话语标记语的语言因素比如语言水平和语用能力(Kasper,1992)、语言距离(Istvâan & Tèunde,2000)等和社会因素。郑群(2014)和阴瑛(2008)对社会因素进行了详细的描述。

第三章 话语标记语 you know 的学得

第一节 话语标记语 you know 设计与结果

本章旨在调查话语标记语的运用和语用迁移之间的关系，从而发现调查结果产生的原因。本章首先简短介绍了研究方法，紧接着描述了研究程序。为了增强研究的科学性，笔者把三种研究方法：语料库分析，问卷调查和访谈结合起来。最终，根据相关理论和实证研究结果，对本研究结果进行了较为透彻的分析。

一、研究目标

本研究的目标是探求第二语言或者外语学得中语用迁移的效果。选择 you know 和"你知道"作为研究对象，理由如下：根据以往的研究结果，话语标记语 you know 目前在本族语中的使用频率是最高的（Fuller，2003，引自杨世登，刘凌子，2006）。在语料库 LOB 中，被频繁使用的话语标记语如下：like、so、well、oh、actually、now、you know、I mean，这些话语标记语"占所有话语标记语的 95%"（Schiffrin，1987，引自杨世登、刘凌子，2006，95）。根据 Fuller（2003，引自杨世登和刘凌子，2006）的研究结果，话语标记语 you know 在会话中出现的频率最高。Aijmer（2004，引自徐捷，2009）运用语料库 LLC（London-Lund Corpus Spoken English）调查了英语话语标记语的使用情况，结果发现：英语本族语者最常用的话语标记语有 17 个，话语标记语 you know

为处于第二位的频繁使用的话语标记语。然而,在笔者的教学生涯中,笔者发现话语标记语 you know 在母语为汉语的中介语学习者的会话中出现的频率很低。因而,研究这些在英语本族语交流中占主导地位的典型话语标记语很重要。考虑到之前文献谈到语用迁移对语言学习的影响,在学习者学得话语标记语 you know 功能的过程中,探讨学习者母语的作用关键。最重要的是,在目前的研究中,在中介语学习者的母语中有一个话语标记语“你知道”,在很大程度上,可被视为是话语标记语 you know 的功能近似对等物。一些学习者和研究者们认为:母语或者第一语言和第二语言或者外语在形式、意义和功能上的相似性会误导学习者(Kasper,1992)。因此,对话语标记语干扰因素的探讨可能会促进话语标记语的学得,同时可能会给话语标记语的教与学提供一些建设性的建议,从而在促进外语教学的同时,全面提高外语学习者的语言能力。

遗憾的是,虽然过往文献研究(徐捷,2009)了目的语本族语者和外语学习者在运用话语标记语功能上的差异,但是只关注这些功能差异是远远不够的,最重要要了解导致差异的原因。有学者(熊薇薇,2006)提到语用迁移是导致两类学习者话语标记语功能运用差异的原因之一,然而,这些研究的重点并非语用迁移在语言学得中的作用过程。

从 Fox Tree & Schrock(2002)和陶红印(2006)的观点,我们可以推断出话语标记语“你知道”和 you know 基本或者核心作用差不多吻合。可以说,话语标记语“你知道”可被视为英语话语标记语 you know 在汉语中最接近的功能近似对等物,因此笔者拟对话语标记语“你知道”的功能进行分析。借鉴 Gilquin(2008)的迁移观,我们通过比较目的语本族语者语料库、中介语学习者语料库、学习者母语语料库中的话语标记语 you know 和“你知道”的功能运用情况,可以比较生动地再现语用迁移作用于话语标记语功能学得的全过程。相应地,也对话语标记语习得领域中存在的语用迁移现象进行比较全面的探析。

二、研究问题

(1)中国英语学习者母语中的功能近似对等物“你知道”如何影响其使

用学习目标 you know?

(2)影响中国外语学习者使用话语标记语 you know 的因素是什么?

本研究存在如下几类比较:学习者本族语语料库和中介语语料库、中介语语料库和目的语语料库、学习者本族语语料库和目的语语料库。具体而言,本研究涉及如下三个方面:发现迁移、诠释迁移、评估迁移,几乎涵盖了迁移的全过程。按照 Gilquin(2008)的研究成果,本研究可以说比较全面揭示了学习者母语对外语学习者学得目标话语标记语的影响。

三、语料库

本研究涉及三个语料库,对它们进行简短介绍是必要的。根据 Gilquin(2008)的观点,语料库有如下优点:首先,语料库的数据是真实可信的,数据有较高的信度;其次,在语料库中,语言形式的错误不是孤立存在的,而是存在于语篇中,避免了研究者机械地脱离语境地分析错误。

运用语料库分析学习者中介语和目的语本族语者对学习目标的使用频率情况,学习者母语和中介语之间相对应语言形式的频率和具体功能使用情况。结合以往的相关理论和实证研究成果,研究者可以查明研究者可以查明目标语言形式"你知道"的哪些功能促进了 you know 功能的运用,这种现象为正迁移;"你知道"哪些功能阻碍了 you know 功能的运用,这种现象被称为负迁移。顺便说一下,本研究的负迁移包含如下情况:一种情况是学习者运用话语标记语 you know 整体及其具体功能的频率比目标语本族语者低;另外一种情况是学习者使用话语标记语 you know 整体及其具体功能的频率比目标语本族语者高;还有一种为话语标记语 you know 功能不当运用情况。

(一) COLSEC

根据甄凤超(2006)对语料库的介绍,该语料库"有 755648 多字符"(甄凤超,2006,102),该语料库的性质为外语学习者语料库,其语体为口语;大学英语四六级考试中心目前有如下三个:上海、武汉、北京;该语料库的数据时间跨度是 2000 到 2004 年;该语料库选取 39 个话题,这些话题包含如下三个类别:"个人和人际问题、社会自然问题、校园生活问题"(甄凤超,2006,

101)。该语料的会话类型有如下几类:首先是监考“老师和应试者的互动”(甄凤超,2006,102),根据百度匿名学者的描述,这一部分为自我介绍环节;这一部分的下一个环节是提问,这些问题是四六级考试规定的,主考官对每位考生提出一个问题,话题是考试规定的,考官提出问题,考生作答,这一部分考试时间持续大约五分钟;第二部分是考生依据考官给出的材料进行陈述,这些材料包含文字、图片等,考生在进行个人陈述之前,被允许准备一分钟,陈述约一分半钟;之后是小组讨论环节,小组依据规定话题在考生陈述内容的基础上讨论,通过讨论,考生尽力达成相同的结论;第三部分重复第一部分的个别环节:考官的提问环节。

(二)CANCODE

借鉴 Fung& Carter(2007)的描述,CANCODE 的性质为英语口语教学语料库,具体而言,是一个拥有 500 万字符(tokens)的子库,语料包含五类语篇(交易型,职业型,教学型,交际型,亲密型)和三种典型的任务类型:信息提供型任务、合作性观点、合作性任务;虽然日常口语类别多样化,但是这些语篇类型和任务类型也大概展示了口语教学语料的特点。本研究选择该语料库是为了比较英语本族语者和外语学习者在运用话语标记语方面的差异。

(三)汉语语料库

汉语语料库包含两个部分,包含北京口语语料库和中国传媒大学的媒体语料库。根据百度百科,北京口语语料库的建立通过会话和录音的手段得以实现;语料收集采纳社会语言学的抽样原则,参与语料库语料收集的受试者为 500 位北京人,这 500 位北京人既有来自北京城区的,也有来自北京郊区的,受试者的录音总共 210 盒,其中有效的受试者为 374 人,合格的录音带为 120 盒,其中一盒录音带被破坏,最终,119 盒录音带是合格的,通过加工,获取了相关录音带、相关撰写文本等;紧接着,把缺失电子文本的资料输入电脑,对录音语料进行核对,对语料进一步整理、标注(标注的对象是话语和语音)、把文本和声音对接起来等,结果,北京口语语料库成形了;它的有声语料文件(wav 格式)涉及 370 位被采访人,形成一个 1 840 000 字的文档;有 4 位受试者的数据未被录音。

中国传媒大学的媒体语料历时调查持续 6 年,涵盖广播和电视文档,撰写文本数量达到34 039。媒体语料库的总字符数达到241 316 530。两个汉语口语语料库加在一起的总字数是200 071 896。每年收集的数据量是平衡的,优先使用某些节目。被选中的节目通常发行量大或者是持续多年的连续节目,这样就收集到了该领域典型的和有代表性的数据。运用关键字检索手段,我们可以设定某一个特定时间段、特定媒体、特定单位、特定语言形式、特定语体、特定领域、特定栏目、特定主持人等,特定时间段包含2008年度和2010—2013年度;特定媒体涉及广播、电视;特定单位涵盖中央电视台、北京电视台、中央人民广播电台等媒体;特定语言形式涉及独白、对话两种语体;特定语体分为独白和对话,其中独白以播报、谈话、解说、朗读形式呈现,人物对话有四种表达形式:二人谈、三人谈、多人谈;特定领域涵盖新闻、经济、军事等;特定栏目中有《新闻联播》《鲁豫有约》《新闻与报纸摘要》等;特定主持人中包括白岩松、陈鲁豫、崔永元等。

四、问卷和访谈

问卷和访谈作为测量工具有其自身固有的缺陷。两种调查工具的主观性均比较强。众所周知,主观性的东西离事实真相较远。问卷调查和访谈或许只能允许我们对调查对象有较为粗略的认识。因此,运用问卷调查和访谈获得的数据信度可能并不高。最好作为其他类型数据分析的补充。在本研究中,问卷调查结果对语料库分析的数据进行了比较有益的补充。问卷调查涉及如下一些方面:在使用英语话语标记语“you know”时,学习者是否受到其母语功能近似对等物“你知道”的影响;在什么情况下受到这些汉语话语标记语的影响;英汉语话语标记语功能相似有时候是否易用混;随着语言能力的提高,使用话语标记语 you know 的频率是否增高;是否曾经有意识地回避过话语标记语 you know;在什么情况下倾向于回避话语标记语 you know;不会用英语话语标记语 you know 时,会选择回避还是借助汉语与之对应的话语标记语的功能来表达;在运用英语话语标记语 you know 时,是有意识还是无意识地借用汉语话语标记语“你知道”的功能;是否尝试过赋予英语话语标记语 you know 语调来表达;赋予不同语调的英语话语标记语 you know 的功能是否有差异；英语话语标记语 you know 有了语调，其功能表达是否更加丰富；在口语交流中使用英语话语标记语 you know 的频率（经常、很少、几乎不）怎样；学得话语标记语 you know 功能的渠道（课堂、美剧、电影，等）有哪些；英语话语标记语 you know 在交流中的重要性；不会用英语话语标记语 you know 时，作为替代，您是否尝试了其他的选择，请指出这些选择；列举在英语交流中经常使用的英语话语标记语。

参与问卷调查的 60 名英语学习者均为英语专业的二年级学生（本问卷调查在二年级第一学期初进行）。参与 COLSEC 语料库的英语学习者为非英语专业大学英语四级成绩 80 分以上者。而问卷调查的参与者是英语专业大学二年级学生，可以说，语料库的参与者与问卷调查的参与者均属于中级水平的英语学习者。语言水平大致相当。

访谈旨在了解英语高级学习者和英语初级学习者运用话语标记语 you know 的差异情况。由于访谈的固有属性，我们只能通过访谈对两类学习者对该话语标记语的功能运用情况有个粗略的了解。四位学生参与了访谈。分别代表英语高级学习组和英语初级学习组。高级学习者为两位在国外学习 4 年的大学四年级的学生。访谈问题如下：能否熟练运用话语标记语；谈谈英语本族语者当中运用频率高的话语标记语；不同年龄组的英语本族语者在话语标记语运用方面的差异。两位英语初级学习者为高中一年级的学习者。访谈内容如下：在您和您的老师和同学用英语交流的过程中，您是否经常运用话语标记语；若运用的话，您经常运用哪些话语标记语？

五、分析工具

该工具主要具备如下三种功能：词频列表检索工具（Wordlist）、语境共现检索工具（Concord）、关键词检索工具（Keyword）。关键词检索工具的功能是搜寻已经设定词或者短语在语料中的信息。通过关键词设定，可以了解其在文件中的具体信息，包括其在文本中的位置，在文本中的频率等等。借助语境共现工具，可以查阅被检索词的语境情况，包括其所在的源文本，其所在的语境内的搭配等等。可以说 WordSmith 工具可以提供已经设定关键词或者短语的完整信息。

六、研究程序

我们对如下三个语料库：COLSEC、北京口语语料库、中国传媒大学媒体语料库进行分析。基于分类框架笔者固定搜索词，这样就能独立检验搜索词的频率和搭配。人工排除不合理的搭配。具体而言，借助 WordSmith 搜索工具，笔者以及参与人检索上述三个语料库所有包含 you know 和“你知道”的语篇。然后，笔者会对所有包含 you know 和“你知道”的言语进行逐一分析，剔除掉不包含话语标记语的语段，并且，笔者还要一一解析判定话语标记语“你知道”和 you know 在这些语篇中的功能。另外，问卷调查和访谈会补充语料库研究中单一研究方法的不足。顺便说一下，本研究采纳了 Fung & Carter (2007)的部分研究结果，比较了话语标记语在中介语语料库和目标本族语语料库中功能运用的差异。两个语料库 CANCODE 和 COLSEC 均属于口语语料库，两者具可比性。因此，比较两个语料库中话语标记语 you know 的频率有较强的说服力，这种比较效度更高。

七、分类框架

话语标记语的分类并不存在统一的分类标准，比如，Halliday(1970)、Brinton(1996)、Aijmer(2002)、Liu Binmei(2013)均对话语标记语做了不同分类。本研究话语标记语的功能框架基于前人的研究。具体分为如下三大类：人际功能、认知功能、语篇功能。人际功能包括信息共享功能和信息核查功能；本研究中对修正功能的分类与以往研究不同(Liu Binmei,2013)，具体而言，与 Liu Binmei(2013)对修正功能的分类不同，笔者认为修正功能与说话人的思维过程有关联(Fung & Carter,2007)，应属于认知功能一类。本研究中，提醒功能、解释功能、强调功能、耽搁功能被归为认知功能。语篇功能的子功能可以用来表示对比、引出话题、结束话题、转移话题、表示结果、作为填充词、引进信息。

八、话语标记语 *you know* 的研究结果

(一)语料库分析数据

话语标记语 you know 频率比较,见表 3-1。

表 3-1 显示:英语本族语者比中国英语学习者更频繁地使用话语标记语 you know。英语本族语者的使用频率远远高于中国英语学习者。

注:话语标记语 you know 在语料库 CANCODE 的出现频率引自 Fung & Carter (2007)的研究结果。

表 3-1 话语标记语 you know 在不同语料库(COLSEC 和 CANCODE)的频率

语料库	CANCODE	COLSEC
you know 频率	38%	9%

表 3-2 显示:在人际功能框架上,话语标记语 you know 和"你知道"框架相同,只是出现的频率不同。"你知道"人际功能使用频率低。中国英语学习者使用 you know 人际功能的频率相对较高。对于这两个话语标记语,信息共享功能的比率更高。还有,话语标记语 you know 的信息共享功能远远高于话语标记语"你知道"的频率。

表 3-2 you know 和"你知道"在语料库 COLSEC 和汉语口语语料的人际功能百万分比

人际功能(interpersonal function)	you know	你知道
信息共享(information sharing)	370.54	0.28
信息核查(information check)	3.97	0.03

表 3-3 显示提醒功能除外,两个话语标记语的功能应用频率排序基本一致。解释功能在各自框架中使用频率最高。耽搁功能在各自框架中使用频率最低,其在汉语口语语料库中的百万分比达不到 0.01,标示为 0.00。

表 3-3 you know 和"你知道"在语料库 COLSEC 和汉语口语语料认知功能百万分比

认知功能(cognitive function)	*you know*	你知道
提醒(attention-drawing)	76.76	0.01
解释(explanation)	125.71	0.87
强调(emphasis)	23.82	0.09
耽搁(delay)	13.23	0.00

表 3-4 显示:就语篇功能框架而言,话语标记语 you know 和"你知道"相同。话语标记语 you know 的语篇功能依据频率从高到低依次为引进信息、填充词、引出话题、对比、结果、话题转移。话语标记语"你知道"的语篇功能按照频率从高到低依次为:引进信息、结果、引出话题、话题转移、填充词、结束话题、对比。话语标记语 you know 语篇功能各项功能的频率远远高于"你知道"语篇功能的对应功能的频率。引进信息功能在各自语篇框架中使用频率最高。两个话语标记语的填充词功能使用频率差异大。在该语料中,you know 出现了一些新功能:表示结果和对比。you know 的引用、维护面子、修正功能没有出现。

表 3-4 you know 和"你知道"在语料库 COLSEC 和汉语口语语料的语篇功能百万分比

语篇功能(The textual function)	you know	你知道
对比(Contrast)	7.94	0.02
引出话题(Initiating a topic)	18.53	1.30
结束话题(Ending a topic)	3.97	0.03
话题转移(Topic shift)	5.29	0.04
结果(As a result)	6.62	0.09
填充词(filler)	108.51	0.03
引进信息(introducing information)	133.66	1.83

总体来说,表 2、3、4 显示:从整体上,话语标记语 you know 和"你知道"具有大体相同的语用框架;它们的主要差异表现在频率上。"你知道"在汉

语口语中的频率很低。you know 各项功能使用频率远超过“你知道”的对应功能频率。

(二)问卷结果

参与问卷调查的60个对象当中,有效问卷为32份。有些问卷参与人没能回答问卷的所有问题,或没按要求回答问题,因此被视为无效问卷。

功能近似对等物:

当您不会运用话语标记语时候,是否求助于英语翻译对等物——汉语话语标记语“你知道”的功能?在接受问卷调查的32位参与对象中,当学习者在对话中意识到自己不能或者无法使用话语标记语 you know 时候,21.9%的参与者会求助于母语,在母语中寻求 you know 的替代物;虽然学习者在交流过程中无意识地运用话语标记语,但是在某些情况下会话者能够意识到。

过度概化:

研究结果显示:在中国英语学习者话语标记语的使用中,话语标记语 I think、well、ok 出现的频率非常高。中国英语学习者几乎把这些话语标记语运用到所有的语境中。问卷调查显示:话语标记语 you know 也很受部分中国学习者的欢迎,在部分中国学习者的口头英语交流中出现的频率也很高。当学习者不能运用话语标记语时候会采取什么选择呢。问卷显示:他们会采取各种各样的替代方式。下面讨论中(替代策略)会详述这些权宜之计。大体上,在他们选择的多种多样的策略中,比例最大的是34.4%的问卷参与者选择他们能力范围之内的替代策略。

感知:

通过问卷调查,我们能够探查外语学习者在运用话语标记语方面的主观感受。问卷调查结果显示:绝大多数中国英语学习者完全意识到了话语标记语在语言交流中的重要性。参与问卷调查的对象表明:话语标记语在英语中是非常重要的。话语标记语有诸多功能。话语标记语可以执行强调的功能,还可以协助说话人表达自己的观点或者情感,还可以为说话人赢得时间思考以保持话轮,帮助说话人进一步解释等等。相比之下,有些中国英语学习者抱怨话语标记语的使用表明他们不自信或者准备不充分。57%的汉语为母语的学习者口头上宣布:他们在运用话语标记语的过程中并没有受到其母语的影响,这与语料库分析的结果不一致。

回避:

根据问卷调查结果,48.5%的外语学习者声明:当他们无法运用话语标记语 you know 的时候,他(她)们会运用权宜策略:回避策略。

可替换策略:

根据问卷调查结果,当母语为汉语的学习者不能运用话语标记语 you know 时,有可能选择的可替换策略如下:21.9%的学习者会求助母语或第一语言话语标记语的功能;6.1%会选择英语话语标记语“en”替代;3.1%的问卷调查对象会选择停顿策略;34.4%的学习者会选择其他的话语标记语,学习者列举的有 well、you see、I mean、ok、let me see 等;9.4% 的学习者会选择肢体语言;25%的人不选择任何策略;3.1%的学习者会选择实词替换;21.9%的学习者会借助母语表达自己的意思。根据话语标记语 you know 的问卷调查结果,问卷参与者声称:他们仅仅对某个或者某几个话语标记语熟悉,只能使用他们熟悉的话语标记语的某个或者某些功能。对于话语标记语 you know 而言,其大部分功能都在学习者的能力范围之外。有几个研究对象直接声明:他们不能运用话语标记语 you know,直接原因就是他们的语言水平比较低。另外,大多数学生的反应表明:在话语标记语的运用中,个人偏好也起重要作用,个人偏好是某些人运用某些话语标记语的动机。

学习话语标记语的途径:

几乎所有的研究对象(都)认为,无论是外语学习者母语中的话语标记语“你知道”还是他们的目的语话语标记语 you know,外语学习者均并非通过课堂教学习得话语标记语的功能。非正式渠道为学得话语标记语的主要途径。这些非正式途径有电影、电视、网络等。

问卷显示仅有个别学习者运用话语标记语“你知道”的频率高;几乎所有的受试者使用过该话语标记语,都能列举话语标记语“你知道”的个别功能;绝大部分受试者从日常交流中学得话语标记语“你知道”的功能;有受试者尝试赋予英语话语标记语 you know 语调来表达自己的含义,且觉得赋予不同语调的英语话语标记语 you know 功能会有不同。

(三)访谈结果

下面是对采访结果一个较为详细的描述,参与采访的是两位中国籍的大四学生。他们已经在美国学习将近四年了(他们均是一个省级外国语中学的高中生,18 岁去美国一所大学读本科,目前是大学四年级学生),还有两位参与采访的是在国内学习的高中生。两位留学生的访谈结果显示:对几乎所有的目的语本族语者而言,话语标记语 you know 是最受他们欢迎的话语标记语之一。在与这两位国外留学的大四学生的英语交流中,研究者们发现他们能自如地运用话语标记语。相比之下,两个在国内学习的高中生似乎很难运用话语标记语交流。在教师和同学用英语交流的过程中,他们很少运用话语标记语;准确地说,目的语话语标记语的使用超出了他们目前的能力范围或者说现阶段他们在使用目的语话语标记语方面很困难。

【总结】

根据研究结果,话语标记语 you know 的频率在汉语为母语的中介语学习者语料库中很低,与英语本族语者语料库中的频率百分比相差很多。就功能框架而言,话语标记语 you know 和"你知道"相同。根据问卷调查和访谈,当话语标记语 you know 超出学习者的能力范围之外时候,大多数外语学习者会用其汉语近似对等物"你知道"替换,或者采取回避策略。另外,综合以往研究与本研究结果显示:学习者的语言水平、个体特征、习得环境和学习者的感知可能都是影响话语标记语运用的因素。还有,外语学习者不能掌握话语标记语 you know 的大部分功能。

第二节　话语标记语学得母语影响

一、话语标记语"你知道"的功能

本研究运用语料库对话语标记语"你知道"的功能调查结果与宋秀平(2011)运用问卷对其调查的结果基本一致。运用频率由高到低依次如下排列:语篇功能、认知功能、人际功能。与宋秀平(2011)的问卷结果相同,本研究中汉语本族语者同样最重视话语标记语“你知道”的“语篇功能”。在语篇功能中,母语为汉语的中级英语学习者最重视其两项功能:引进信息和引出话题功能。其中,引进信息功能的使用百万分比为1.83;引出话题的运用百万分比率为1.30;其次,“你知道”认知功能的频率也很高。认知功能中,汉语本族语者经常运用解释功能、强调功能,其中“你知道”的解释功能在汉语语料库的百万分比为0.87,强调功能的百万分比为0.09;在人际功能中,汉语本族语者最偏爱使用信息共享功能,信息共享功能在汉语口语语料库中所占百万分比为0.28。

研究结果表明外语学习者在运用目的语话语标记语的过程中在很大程度上受到其母语的影响。解释如下:

研究结果表明汉语语料库中的话语标记语“你知道”的频率和COLSEC语料库中话语标记语 you know 的频率(9%)都很低。相比之下,英语本族语者语料库(CANCODE)中话语标记语 you know 的频率高(38%),比它在中介语学习者语料库中(COLSEC)的频率高得多,高出29%。一个可能的原因是受到 you know 在中介语学习者母语中功能近似对等物话语标记语“你知道”的运用影响,表格显示:汉语本族语者在口语交流中很少使用“你知道”,表现在“你知道”的各项功能的频率都很低,功能百万分比只有引进信息和引出话题到达了1之上,有一项功能接近1,其他的都达不到0.01。或许受此影响,中国英语学习者在英语语言交流中使用 you know 的频率也很低。很可能,有些中国英语学习者视两者为对等物。根据 Istvâan & Tèunde (2000)的研究结果,我们可推断出:外语学习者在用目的语交流的过程中倾向于用母语思考,从其母语中的功能近似对等物寻求帮助以获得交际的成功。本研究的结果类似樊庆辉(2011)对母语为俄罗斯语的汉语第二语言习得者的研究结果。本研究结果证实了上述两位学者的观点。根据 Istvâan & Tèunde (2000)和樊庆辉(2011)的观点,就本研究的话语标记语 you know 的学得而言,对于中级英语学习者而言,外语学习者在使用英语交流时候,很可能还没有形成目的语(英语)思维模式,至少这种目的语思维模式还不成熟,从而在使用 you know 时候过多依赖母语(汉语)思维模式,话语标记语 you know

的运用呈现这种特征，很可能，学习者母语中的目的语功能近似对等物“你知道”在很大程度上影响目的语话语标记语 you know 的使用。由此推断，本研究的频率迁移可以说是一种思维模式迁移的证明。鉴于有学者已经提到所有的外语学习者至少已经习得了一种语言(母语或第一语言)，已形成了其母语或者第一语言的思维模式，这种思维模式可被视为学习者固有知识或者长时记忆知识的一部分(permanent knowledge)。当外语学习者学习另一门语言时，这种长时记忆中的知识可能会表现出它的影响，本研究也证明了这一点。根据 Istvâan & Tèunde(2000)的观点，与目标语本族语者不同的是，外语或者第二语言学习者母语中的文化和思维方式会影响他(她)们的外语或者第二语言习得。本研究频率迁移清楚地表明了第一语言或者是母语下意识地或不知不觉地对目的语话语标记语的习得产生影响。在极端的情况下，可能英语学习者会下意识地把两个话语标记语看成是一样的。樊庆辉(2011)的研究也表明，处于会话研究初期和中期阶段的第二语言习得者会把母语话语标记语和目的语话语标记语等同起来。如何克服这种思维模式的迁移呢?

随着学习者接触到越来越多的目的语输入，随着对目的语经历得越多，或者更准确地说，当学习者更频繁地置身于目的语境(当学习者更多地运用目的语时)或者当学习者真正参与到目的语语言活动时，在某种程度上，学习者的母语思维模式会让位于目的语本族语者的思维模式，或者说学习者会逐渐学会用目的语本族者的思维模式(Istvâan & Tèunde,2000,117)。本研究访谈中，两位高级英语学习者的经历即是极好的证明。借鉴 Istvâan & Tèunde(2000)的观点，两位在国外留学四年的大学生接触到的目的语输入累积的量越来越大，对目的语有丰富的经历，两位留学生在目的语环境中真正参与到了目的语语言活动，很可能第二语言习得者的母语思维模式就让位于目的语思维模式，结果，两位第二语言习得者能自如运用话语标记语。两位留学生的经历表明：目的语环境下，一定量的目的语经历和一定程度的真正参与到目的语活动对话语标记语的使用影响极大。这也说明，目的语环境下一定频率的目标话语标记语和对目标话语标记语某种程度的操练是影响话语标记语学得的重要因素。由于一定量的目的语经历，很可能，第二语言习得者能接触到一定频率的目标话语标记语。由于一定程度对目的语活动的真正参与，很可能，目标话语标记语的接触频率进一步提高，同时也得到一定程度的操练。

然而，外语学得情况下一定量的目的语经历和一定程度的真正参与未必达到同样的话语标记语的学得效果。准确而言，外语学得环境下的一定量的目的语经历与第二语言习得环境下的在很大程度上不同。鉴于外语学得环境下，目的语输入的类型、量、相关度与第二语言习得语境下的特征或许不同。具体而言，就输入量而言，外语学习环境与第二语言习得环境有差异，与第二语言习得环境相比，外语学习者接触到的目的语输入的量无论怎样都是相对有限的，闫晓宇（2016）也持同样的观点；在输入类型上，由于刚谈到外语环境下目的语输入的量相对有限，其类型很可能不如目的语语境下的丰富，比如来源于某一方面的输入可能就少；还有，相对有限的输入量也可能会导致与学习目标相关的输入较少。比如，话语标记语主要出现在口语（Ostman，1982）中，而外语学习者接触的输入有可能大量为书面输入，很可能，外语学习者接触的输入中话语标记语较少，更不用说有关学习目标的输入了。另外，关于一定程度的真正参与，外语学得环境下，Müller（2005）谈到的"真正参与"的机会较少，对于大部分外语学习者而言，其外语学得过程中的交流对象或者大部分时间的交流对象很可能为中介语学习者，根据 Istvâan & Tèunde（2000）的观点，中介语学习者的语言表达有更多的变量。因而，根据 Müller（2005）的观点推断，大部分外语学习者大部分时间段中"真正参与"目的语的机会很少。

因此，外语学得环境下，一定量的目的语经历和一定程度的真正参与对目的语话语标记语的学得效果或许并不理想。与其他类型的语言形式习得不同，每个话语标记语几乎都具有多功能性，仅仅执行一个功能的话语标记语数目很少。或许，相对于其他类型的语言形式，话语标记语的功能与具体语境的联系更为紧密，准确地说，话语标记语的功能很可能在更大程度上依赖具体语境，只有在适当的语境中学习者才可能适当理解并更好掌握话语标记语的功能。如果脱离语境地学得话语标记语，学习者可能在实际交流中适当运用话语标记语的难度更大。比如，就"fan"而言，它有两个意思，既可以作为“扇子”，也可以作为“迷”使用，在上下文中区分这两个意思很容易。然而，就话语标记语 you know 而言，它的功能有“共识”“引起注意”“解释”等功能，牢记这些功能很容易，然而，仅仅牢记这些功能对于这些功能的实际使用帮助不大，因而，弄清楚在什么情况下每种功能的使用比较困难，可以说，如果外语或者第二语言习得者欲适当运用目标话语标记语，那么，很可能，当且仅当在适当的目的语语境中学得目标话语标记语的功能。本研究证实了这种推断，在外语学得环境之下，当中国英语学习者不能适当使用目标话语标记语，有部分学习者选择使用其母语中的功能近似对等物使交流得以顺利进行。

本研究证实了樊庆辉(2011)对俄罗斯留学生第二语言习得的研究成果。正如樊庆辉(2011)的研究所示，在会话的初级和中级阶段第二语言习得者很难正确运用主观情感类话语标记语，会话中出现的该类话语标记语不但数量少且频率很低。本研究中母语为汉语的中级英语学习者对话语标记语 you know 的使用和俄罗斯留学生的运用有诸多相似之处。运用 you know 的频率低。问卷参与者表明他们仅仅对某个或者某几个话语标记语熟悉，只能使用熟悉话语标记语的某个或者某些功能。对于话语标记语 you know 而言，其大部分功能都在学习者的能力范围之外。本研究也证实了樊庆辉(2011)的研究成果，母语为汉语的中级水平的英语学习者缺乏构建英语思维方式的能力，不能较好进行母语与目的语的语码转换，外语学习者在很大程度上依赖其母语-汉语思维方式，有时候甚至把话语标记语“你知道”和话语标记语 you know 视为对等物。

究其原因，正如樊庆辉(2011)所言，外语学习者可能忽视了具体真实的交际语境，从而无法使用适当准确的话语标记语。还有一种可能是如樊庆辉(2011)的研究显示，由于没能掌握话语标记语的语义内涵，留学生在会话初始期无法较好理解包含话语标记语的输入。从樊庆辉(2011)的研究延伸到话语标记语 you know 的学得，在外语学得环境之下，中国英语学习者很可能与留学生在会话初期对汉语话语标记语的习得一样，对话语标记语 you know 功能的理解不足，学习者在课内外接触话语标记语 you know 相关输入的时候，对语言输入中目标话语标记语 you know 的理解应该存在一定的障碍。

众所周知,频率迁移是语用迁移的一部分。引起本研究频率迁移的原因可能如下:中介语语料库中(COLSEC)的受试者均为中介语学习者。比如,有几个问卷参与者声明:他们不能运用话语标记语 you know 的直接原因就是他们的语言水平比较低。或许由于受试者语言能力的限制,话语标记语 you know 的功能在外语学习者的能力范围之外。或者说即使他们掌握了该话语标记语的功能,由于学习者偏好的原因,中国英语学习者不使用话语标记语 you know,比如,大多数问卷参与者表明:个人偏好在话语标记语的运用中起重要作用,个人偏好是某些人运用某些话语标记语的动机。另外,话语标记语在中介语学习者中的受欢迎度也影响话语标记语的使用,问卷调查显示:话语标记语 you know 也很受部分中国英语学习者的欢迎,在部分中国学习者的口头英语交流中出现的频率也很高。这说明还是有部分中国英语学习者不喜欢使用话语标记语 you know,这些受试者就不会经常使用话语标记语 you know,这也是 you know 在中介语学习者语料库频率低的原因之一。该研究结果与郑群(2014)的研究结果一致。Macaulay(2002,引自郑群,2014)提出,话语标记语 you know 在 60 岁以上的成年人的交流中出现的更频繁。同样,与英语本族者一样,在英语作为一门外语的学习语境中,话语标记语 you know 也不经常出现在中级水平的中介语学习者的口语中。

本研究证实了以往研究的结果:在单个话语标记语的整体频率方面,中国外语学习者和英语本族语者在相关研究方面差异巨大。该方面的研究国内(徐捷,2009)很丰富,国外也有少量研究(Yang & Chen,2015),本研究结果与国内外研究结论基本一致。就国内研究而言,徐捷(2009)对比了英语本族语者和中国外语学习者语料库话语标记语 you know 的使用频率,发现两类学习者在使用它的频次方面有差异,且差异具有统计学上的意义。一些学者(李雪,2010)运用本族语者语料库和英语中介语学习者语料库比较了中国英语学习者和英语本族语者使用常用话语标记语的频率和类型。同样在研究某一类话语标记语(比如唐丽玲,2011;Yang & Chen,2015)的领域,学者们也得出了上述结论,或者说中国外语学习者和英语本族语者在使用某些类型的话语标记语(比如转折类话语标记语、推理类话语标记语、重述类话语标记语等等)方面频率差异同样显著。就国外研究而言,根据 Yang & Chen (2015)的研究,中国外语学习者与英语本族语者在运用对比类话语标记语方面有重叠的部分,然而,两类学习者共同喜欢使用的话语标记语频率并不一致或者说差异大,研究结果和本研究的一致。

虽然本研究中笔者没有仔细对比中介语学习者和目的语本族语者在使用 you know 具体功能频率方面的差异,但是,本研究中 you know 整体使用频率如此低,很可能 you know 的具体功能使用频率也非常低。比如,就信息核查功能而言,其在本研究中介语学习者语料库中整体功能的频率排名最末位,而根据 Fox Tree & Shrock(2002)的观点,信息核查功能为 you know 基本功能之一。可以推断,中介语学习者和英语本族语者则对该功能的运用十有八九有显著差异。关于引进信息,该功能并非 you know 的主要功能之一(Fox Tree & Shrock,2002),然而在中介语语料库中,其频率在 you know 整个功能框架中频率排第二,很可能,与英语本族语者的使用也有明显差异。还有,笔者在中介语语料库中没有发现英语本族语者使用 you know 维护面子或者执行修正功能。当然,这种现象可能可能源于多种因素。一个可能因素为本语料没有为该功能提供恰当的语境。另一个可能的原因是中介语学习者和英语本族语者在两者的使用方面有显然不同。就功能使用而言,本研究也证实了徐捷(2009)的研究结果,徐捷发现在运用 you know 的大部分功能频率方面,英语本族语者和中国外语学习者都存在统计学上的显著性差异。除此之外,中国外语学习者和英语本族语者在其他言语行为的使用频率上也存在语用迁移现象(王绍斌、李玮,2007)。本研究结果不仅仅证实了 Lowie(1998)的研究结论,而且,把 Lowie(1998)的研究往前推了一步,不仅仅表明翻译对等物功能影响第二语言的习得,而且具体表明翻译对等物的整体频率和个别功能频率与功能类型对外语学得也产生显著影响。研究结果表明:英语本族语者对话语标记语 you know 的使用频率远远高于中国英语学习者。

中国英语学习者使用 you know 的频率和汉语本族语者使用“你知道”的基本一致,都很低。you know 和“你知道”的下列功能在两个话语标记语的框架中频率基本一致,具体而言,均属于各自具体框架的高频率功能。这些功能分别为:信息共享、解释、引进信息。具体而言,话语标记语 you know 和“你知道”的信息共享功能在各自人际功能框架中排名最高;话语标记语 you know 和“你知道”的解释功能在各自认知框架中排名最高;话语标记语 you know 和“你知道”的引进信息功能在各自语篇功能框架中频率最高。关于功能类型迁移,笔者在过往文献中很少发现英语本族语者使用 you know 表示结果和对比,而在本研究中中介语学习者使用这两项功能,一个可能的原因之一是“你知道”具备这两项功能。还有,you know 可被用来维护面子、引进信息、修正信息(Fox Tree & Shrock,2002),然而,本研究语料中,笔者没有发现这几项功能,可能原因之一是“你知道”不具备这几项功能。Lowie(1998)的研究结果可以解释功能近似对等物整体频率和个别功能频率的迁移现象。这种频率迁移与功能类型迁移现象可能源于语言间的共同激活。具体描述如下:根据 Lowie(1998)的研究,在第二语言或者外语学习过程中,学习者已经学习了自己的母语或者第一语言。Lowie(1998)认为,如果语言之间有重叠的概念表征或者句法特征,语言间的共同激活会出现,当然共同激活也会表现在其他的层面。根据 Lowie(1998)的研究,共同激活涉及语义和语用信息,可以推断,语言之间的影响涉及多个方面,比如语义层面、语用层面,等等。本研究验证了 Lowie(1998)的观点。具体而言,本研究对话语标记语 you know 的功能使用研究,证明了母语功能近似对等物(“你知道”)对目的语相关语言形式(比如 you know)的影响;同时也验证了语言间语用层面的共同激活,比如“你知道”与 you know 在功能用法上的共同激活,且这种共同激活对外语相关语言形式(比如 you know)的学得影响很大,具体而言,本研究表明功能近似对等物对外语学习者话语标记语的使用产生很大影响。可以说,翻译对等性影响第二语言习得进程,确切而言,这种影响在较大程度上是“积极的或是促进的”(Lowie,1998,133),有时候的影响可能是负面的,总之,本研究显示功能近似对等物对外语对应表达式频率的影响是巨大的。

二、语用框架的迁移

根据研究结果,COLSEC 语料库话语标记语 you know 和汉语口语语料库中话语标记语“你知道”语用框架大体相同。话语标记语 you know 和“你知道”的语用功能可分为如下三种功能类型:人际功能、认知功能和语篇功能。语用语言迁移十分显然。或许可以说,本研究说明中国外语学习者迁移了话语标记语“你知道”的框架,或许,外语学习者运用的这个框架不为英语本族语者所完全接受。原因如下:在本研究中,所有的语言学习者都是成年的外语学习者,具备熟练运用其母语汉语的语言能力。根据 Blum－Kulka (1991)的研究结果,“若外语学习者是具备其母语语言能力的成年人,当他们学习一门外语时候,会把一定程度的语用知识和能力迁移到外语学习中去”(Blum-Kulka,1991)。在他们学习外语之前,已经建立了以汉语为主导的概念基础(Istvâan& Tèunde,2000)。根据宋秀平(2011)的研究结果,话语标记语“你知道”的功能分类为:人际功能、认知功能、语篇功能。很可能,“你知道”的功能框架分类影响了话语标记语 you know 的功能框架分类,本研究发现:汉语话语标记语“你知道”的语用框架迁移到话语标记语 you know 的习得进程中,本研究发现也为该领域的相关研究成果提供了有力的证据。

确切而言,在外语或者第二语言习得的语境下,迁移或许是不可避免的。原因如下:Istvâan & Tèunde (2000)也提出了一种状态以避免迁移干扰语言学得进程,或者说为了规避负迁移的发生。根据 Istvâan & Tèunde (2000,109)的观点,“当学习者达到这种最终状态时,他们输出的语言具有如下特征:语言组织恰当,情景适当,经过说话人精心计划,对会话中提出的问题给出了恰当的答案或者解决方法”。进而,Istvâan & Tèunde (2000)还提出了一系列的措施,以帮助学习者达到这种最终状态,比如,课堂习得应该接近本族语者的习得语境,其提供的生活场景像本族语者的生活场景一样丰富多彩,呈现一样输入强度的生活画面;教师应该创造一种语境,有助于学习者真正参与到语篇中来。事实上,这种最终状态可能是最理想状态,Istvâan & Tèunde (2000)也谈到这种最终状态很可能很难达到,原因是所有他提出的那些达到最终状态的措施可能很难实施。首先,我们很难衡量生活场景的丰富性,也很难衡量生活画面的输入强度。就课堂教学而言,我们很难界定教学材料的这两个方面。丰富性和输入强度均为弹性指标,很难量化这些指标。因此运用这些指标作为参照标准理据性不足,可以说,很难操作生活场景的丰富性和生活画面的输入强度。其次,课堂学得在多大程度上接近本族语者丰富的生活场景和一样输入强度的生活画面(或者说输入的质和量达到什么程度)才能更有利于学习者习得语言也是一个问题。缺少清晰可操作的参照指标,同样很难设计高质量的课堂,因而也很难创造更有利于学习者学得目的语的课堂环境。Istvâan & Tèunde (2000)提到教师应该创造一种让学习者真正参与的语境。同样,对于什么样的语境才算作真正参与的语境呢?真正参与是模糊的说词,很难进行指标化,更不用说对指标进行量化。因而,至于哪种程度上的参与算得上真正参与也很难解释。缺乏具体可操作的相关标准,创造真正参与的语境也很困难。

就话语标记语学得而言,在外语学得语境下,由于影响因素太多,无法确保在目的语口头交流中中介语学习者所接触的绝大部分口头输入中的语言或者语用行为的适当性,Istvâan & Tèunde (2000)在其研究中也提到了这一点。而且,纵然母语为汉语的学习者有机会置身于目的语习得环境(这样的语境有部分是模拟语境),但是,这样的机会对于绝大部分外语学习者而言毕竟很少。因而,绝大部分外语学习者接触到的输入质量与英语本族语的输入质量可能差距大,根据 Istvâan & Tèunde (2000)的观点,外语学得者的语言行为有更多的变量。确切而言,对于 Istvâan & Tèunde (2000)谈到的最终状态的说法,目前没有相关文献证明这种最终状态的确存在,因此,迁移现象贯穿外语习得的整个过程或者说迁移现象的发生或许是不可避免的。本研究所呈现的语用框架迁移也表明:母语为汉语的英语学习者在运用话语标记语 you know 的过程中,借用了其母语的思维模式,或者"运用第二语言中的适当词汇依据已经建立的模式、标准、激活序列,以执行所要求的交际任务"(Istvâan & Tèunde,2000,117)。为了改变这种模式,需要采取一系列的措施,以后的章节将会谈到解决该问题的措施。

就框架而言,上面已经提到外语学习者或许迁移了其母语中的功能近似对等物的框架,框架迁移发生了,然而,框架里面的功能无论整体还是具体功能与框架迁移均有所不同。就框架里的功能整体而言,话语标记语 you know 频率从高到低依次为:人际功能,语篇功能,认知功能。而话语标记语

“你知道”的频率从高到低依次为：语篇功能，认知功能，人际功能。就各个功能框架的整体频率而言，频率迁移影响很小。

三、人际功能

人际功能顾名思义指人与人之间的关系，话语标记语执行人际功能，表明话语标记语可被用来建立或者维护会话参与人的人际关系（引自新编简明英语语言学教程第2版）。根据 Fung & Carter（2007，415）的描述，话语标记语是标记口语语法的情感（affective）和社会（social）功能的机制之一；该方面的功能包含如下几个方面：标记共享信息（you know，you see 等）；标记反应（同意、确认、认可）（I see，sure，ok 等）；该功能层面的话语标记语也表明说话人的态度（you know，I think，well 等）和对命题意义的立场（basically，really，actually 等）（Fung & Carter，2007）。就人际功能而言，话语标记语 you know 在语料库 COLSEC 中信息共享功能百万分比为 370.54；信息核查功能百万分比为 3.94。英语话语标记语 you know 的信息共享功能在外语学习者整个功能框架中的运用频率最高，然而，“你知道”的信息共享功能频率在汉语语料库中的频率不是最高。这说明外语学习者的母语中功能近似对等物“你知道”的信息共享功能促进了外语学习者运用 you know 的相应功能的运用。还有一个原因是外语学习者或许偏爱 you know 的信息共享功能。不管怎样，如果信息共享功能是 you know 的核心功能之一，这说明外语学习者或许基本掌握了 you know 的核心功能。

母语为汉语的英语中介语学习者的语料库显示：中介语学习者对话语标记语 you know 中心功能的运用与英语本族语者有差异。中介语语料库中信息共享功能是中介语学习者整个框架中的最高频率，而信息核查功能运用频率在整个功能框架中的频率最低。关于 you know 的中心功能，Fox Tree & Schrock 声明话语标记语 you know 的基本意义是核查听话人对话语的理解或者表明说话人提供的信息应该是听话人知道的信息（Schourup，1985；Schiffrin，1987，引自 Fox Tree & Schrock，2002，736-737）或者说话人运用话语标记语 you know 促使听话人合作或者把讲话人的信息视为共享背景信息

(Ostman,1981,17,引自 Fox Tree & Schrock,2002,736-737),这说明信息共享和信息核查是 you know 的核心功能。然而,中介语语料库的研究结果表明:中国英语学习者并没有较好掌握 you know 的中心功能,核查功能即为一个较好的例子。一个可能的原因是受到中介语学习者母语的影响。事实上,根据以往的研究成果,可以说,汉语话语标记语"你知道"和英语话语标记语 you know 有相同的核心或者中心或者基本功能。根据刘丽艳(2006)的研究结果,说话人在交流中运用话语标记语"你知道"时候,说话人的目的是期望听话人接受说话人表述的信息;话语标记语"你知道"引出的信息不仅指已知信息,而且对听话人而言或许是新的信息。上述情况同样适用于话语标记语 you know。如一些学者陈述,虽然,根据字面意思,话语标记语 you know 引出的是会话双方的已知信息,但是在很多语境中,话语标记语 you know 经常被用来"驱动听者进行推理"(Fox Tree & Schrock,2002,741)。

笔者认为:以往研究表明汉语话语标记语"你知道"和英语话语标记语 you know 在人际功能方面存在功能相似性。这种功能相似性也促进了外语习得者学得 you know 的信息共享功能,结果,语用迁移的积极一面就显现了;然而语用迁移影响了 you know 另一项核心功能——信息核查功能的学得,在这一点上,语用迁移产生了负面影响。或许话语标记语 you know 的核查功能在实际运用中出现的频率低,或许是受到外语学习者母语功能近似对等物"你知道"核查功能频率的影响。本研究结果显示"你知道"在汉语交流或语篇中很少被运用执行核查功能。事实上,在汉语中,有一个独立的话语标记语"你知道吗"(刘丽艳,2006)通常被用来核查听话人对说话人言语的理解,这样,或许"你知道"被用来用作执行该功能的频率就低。与某种语调结合,话语标记语"你知道"可能也被用来执行该功能,但是出现的频率低。事实上,根据问卷调查,有参与问卷调查的受试者认为赋予话语标记语 you know 不同语调的话,话语标记语 you know 的含义会有差异,它表达的功能可能会更加丰富,因而有受试者尝试赋予它语调以表达自己的含义。

本研究结果与 Netsu& LoCastro (1997)的研究结果一致。Netsu & LoCastro (1997)表明,日语和英语的对等物影响母语为日语的英语学习者对英语的学得,导致外语学习者比英语本族语者更频繁地使用目的语话语标记语。本研究表明 you know 和“你知道”的基本功能的界定未来还需进一步的探讨。关于 you know 的信息共享功能,在本研究语料库中,在 you know 所有功能的运用频率上,其为运用频率最高的功能。关于“你知道”的信息共享功能,刘丽艳(2006)认为说话人运用“你知道”假定所提供的信息为交际双方所共有,以便听话人更容易理解说话人的信息。然而,在本研究的汉语口语语料库中,信息共享功能并非汉语母语者最频繁使用的功能,或者说,在本研究的汉语口语语料库中,话语标记语“你知道”的核心功能并非“信息共享”。具体而言,在汉语本族语者口语语料库中,其运用频率在“你知道”功能框架中排第四位,只能说信息共享功能为“你知道”的主要功能。

关于核查功能,中介语语料库中 you know 功能频率排名最末位,而“你知道”的该功能排名倒数第四位;对于话语标记语 you know,有些专家(Fox Tree & Schrock,2002)认为核查功能为 you know 的核心功能;关于话语标记语“你知道”,陶红印(2003)等认为核查功能为话语标记语“你知道”的主要功能。这说明中介语学习者不偏好使用 you know 的核查功能,其原因估计受到“你知道”该功能频率低的影响。本研究表明:以“你知道”的核查功能的实际运用为例,未来研究应关注对“你知道”核心功能的探讨。关于注意功能,事实上,中介语语料库中 you know 注意或者提醒功能频率排名第五,“你知道”该功能频率几乎是末位。关于 you know 的注意或者提醒功能,有学者(引自 Fox Tree & Schrock,2002)认为其为 you know 的基本功能之一;关于“你知道”的注意功能,陶红印(2003)等认为其为“你知道”的主要功能之一。

本研究也表明共享信息、核查功能、提醒功能只能被视为话语标记语“你知道”的主要功能,鉴于这些功能在汉语口语语料库中的频率很低,未来需要更多学者探讨“你知道”的主要功能。同样,对于话语标记语 you know,虽然有些专家提出上述三项功能为其基本功能,但是本研究中介语语料库显示:信息共享功能可以说 you know 的核心功能。在 COLSEC 语料库中,信息共享是 you know 的核心功能或者说是所有中介语学习者运用频率最高的功能。考虑到核查功能和提醒功能在本研究的实际运用中出现的频率都很低,这两项功能是否为 you know 和“你知道”的基本功能,有待今后更多的研究去验证。本研究的结论也为今后的相关研究提出了进一步的思考。比如,关于话语标记语"你知道"核心功能的探讨,刘丽艳(2006)提出,信息共享功能(发话人运用"你知道"假设自己陈述的信息为共享信息)为话语标记语"你知道"的主要功能。事实上,在实际的口语运用中,话语标记语"你知道"的信息共享功能频率并不高,在本研究语料中,"你知道"语篇功能出现的频率最高,因此未来"你知道"主要功能的探讨也是相关领域主要关切的问题。还有,关于另一个功能"引进信息",该功能在两个话语标记语的整体功能框架上排名次较前,具体而言,"引进信息"在"你知道"功能框架中排名第一,在 you know 功能框架中排名第二。文献综述表明该功能非这两个话语标记语的主要功能。然而,根据对话语标记语影响因素的文献(阴瑛,2008;郑群,2014 等)回顾,影响话语标记语的变量多,对话语标记语主要功能的探讨未来仍然需要更多的研究。

就人际功能的整体而言,两个话语标记语(you know 和"你知道")的具体功能框架呈对应关系。中国英语学习者较多使用 you know 的信息共享功能,较少运用 you know 的信息核查功能。汉语本族语者在运用汉语话语标记语"你知道"时候同样存在这种情况。汉语本族语者运用"你知道"的信息共享功能的频率高于运用其信息核查的功能。就信息共享功能而言,虽然在人际功能框架中,"你知道"和 you know 的频率都较高,但是差异还是存在的。信息共享功能频率在各自所有功能的运用频率中的排名不同。可以说,功能近似对等物的框架迁移存在,但是功能近似对等物具体功能的频率迁移或许存在但不太明显。或许"你知道"的篇章功能更受到汉语母语者的青睐,宋秀平(2011)的研究也证明了这一点。正如有些专家(比如 Erman,2001,引自郑群 2014)指出不同年龄阶段的人偏爱话语标记语 you know 的不同功能。由此推断,或许,在汉语话语标记语的使用中,对于每一个话语标记语而言,年龄或许是影响其功能使用的因素,然而,对于每一个话语标记语而言,不同年龄段的汉语本族语者偏爱其具体什么功能有待未来实证研究的验证。

另外,就功能框架而言,在外语学习者运用 you know 的整体框架中,人际功能的整体频率最高,可以说,外语学习者在运用 you know 人际功能的整体频率方面，受到其母语影响的频率不明显，原因可能是本研究显示 you know 的功能近似对等物“你知道”在汉语口语实际运用中其人际功能的整体运用频率不高。事实上，汉语本族者运用“你知道”最多的功能是其语篇功能，其次是认知功能，再次是人际功能，可以说，虽然中介语学习者在运用话语标记语 you know 的个别功能时候受到其母语功能近似对等物“你知道”的影响，但是在运用 you know 功能类型的整体频率方面，外语学习者受到其母语中功能近似对等物“你知道”的功能类型整体频率的影响不大。或者说，在 you know 人际功能的使用方面，正迁移的影响较大。根据 Fox Tree (2002)的描述，人际功能为 you know 的基本功能。在本研究的中介语语料库中，you know 的人际功能在整体功能中的比率较大，而“你知道”的人际功能在整体功能中的频率使用不高，这说明在很大程度上，正迁移发生了。

四、认知功能

根据 Fung & Carter(2007)的描述，话语标记语提供有关认知过程的信息，话语标记语可被用作拖延策略，当发话人不能立即找到答案时候运用拖延策略展示了一种思索过程或者为词汇搜索或者完成句法过程赢得时间(Fung & Carter,2007,423)。此外，本研究中话语标记语的认知功能还涵盖如下三个方面的信息：可被用来提醒听话人对某些信息的注意，可被用来对前述信息进一步解释，可被用来强调某些信息。下面笔者具体说明话语标记语 you know 的这几类认知功能。比如，关于话语标记语的“拖延策略”，下面是一个片段，男生向女生表达爱慕，但是担心被女生拒绝的情景。

Tom:(He put a movie ticket on the desk)This is a popular film. I have been longing to invite you to a film, however, you know...I am not sure whether you are available or not. You are always busy. 汤姆：(他把一张电影票放在桌子上)这部电影非常受欢迎。我一直渴望邀请你去看场电影，然而，你知道……我不确信你是否有空，你总是忙。

Mary:I' d love the film very much. Thanks. (玛丽：我非常想看这部电影。多谢。)

在该会话中，汤姆一直爱慕着玛丽，但是又不敢大胆表白，借着邀请看电影拉近和玛丽的关系。汤姆说他一直想邀请她看电影，然而，其实他担心玛丽会拒绝，不好意思邀请她，然而，汤姆不愿意道出真实的原因，而此时此刻又找不到适当的借口，就运用话语标记语 you know，如傅静玲（2012）所言"为了占有话轮，也可以说为了克服'过长时间的停顿'，为自己赢得时间，从而找到合适的表达"，最后汤姆找到了借口：我不确信你是否有空，你总是忙。

关于话语标记语的强调功能，下面这个例子给出了很好的解释。由于新冠肺炎的暴发，口罩变成了稀缺产品。Harry 讲述了他买口罩的经历，他去了八家药店，并运用 you know 强调了八家药店。

Harry：I have been to eight drugstores. Eight, you know. All stores declared that they were out of stock.（Harry：我去过八家药店。八家，你知道。所有的药店声称他们没有库存。）

关于提醒功能，我们看下面一个片段。

Mark：Eight years? Wow...I haven't seen her so long.（八年？哇……我这么久没有看到她了。）

Kendra：You know, she's gone abroad.（你知道，她出国了。）

Mark：Really! That's why we lose contact.（真的！怪不得见不到她。）

在上述会话中，Mark 和 Kendra 在讨论一个老同学。Kendra 运用话语标记语 you know 提醒 Mark，她女同学出国了，同时 Kendra 话语的会话含义：那位女同学不在国内当然见不到她。

关于认知功能，根据研究结果，就话语标记语"你知道"和 you know 的功能类别而言或者，就认知功能整体而言，两者并非完全一一对应关系。比如，本研究在汉语口语科库中没有发现汉语母语者运用"你知道"执行该耽搁功能，而中介语学习者运用 you know 表达"耽搁"功能。就"耽搁"功能而言，语用负迁移没有发生。对于其他认知功能，两个话语标记语的认知功能类型对应，差异仅体现在频率上。这说明中国英语学习者在学得目标话语标记语 you know 功能的过程中，很可能，语用迁移发生了。在认知功能框架中，正迁移的作用比较明显。语用正迁移促进话语标记语的学得，具体地说，功能近似对等物促进了话语标记语 you know 的功能学得，原因可能是正如上述所言（语用迁移原因章节），根据 Lowie（1998）的观点，如果学习者母语中存在目的语的功能近似对等物的话，那么学习者在学得话语标记语功能的过程中建立完整的功能特征可能会更容易。具体而言，语用迁移主要体现在如下几个方面。第一，以话语标记语 you know 的维护面子和修正功能为例，这两项功能被视为该话语标记语 you know 主要功能（引自 Fox Tree & Schrock，2002）。比如，关于修正功能，比如，"A：How long have you slept this noon？（你今天午睡了多久？）B：Two hours，you know，one hour and fifty minutes（两个小时，你知道，一个小时五十分钟）"。借鉴徐飞（2008）的解释，在上述会话中，会话参与人 B 运用话语标记语 you know 表明之前陈述的信息是不准确的，并传达了准确的信息。下面即为一个维护面子的极好的例子，比如，Peter 爱慕 Jane 很久了，但是不确信 Jane 是否喜欢他，因而总是找借口和 Jane 交流。一个周末，Jane 在教室里，Peter 看到了她也来到教室，站到 Jane 课桌旁边。

Jane：What are you doing here，Peter？（Jane：Peter，你有什么事吗？）

Peter：Nothing，nothing，I…just passed by the classroom and saw you，so I am in.（Peter：没什么事，没什么事，我……只是路过教室，看到了你，就进来了）

Jane：OK.（Jane：噢。）

（Long silence）（长时间沉默）

Jane：I gotta go.（Jane：我得走了。）

Peter：Wait，wait，wait a minute. What are you doing tomorrow？ I have a concert ticket.　Are you going to the concert？ You always say you love music. We could go to the concert together if you are available tomorrow，and we… could…you know…why don't…？（等等，等等，等会儿。明天你干什么呢？我有一张音乐会的票，你去音乐会吗？你总说喜欢音乐，如果明天你有空我们一起去听音乐会，我们……能够……you know……为什么不……）

在上述会话中，Peter 不确信 Jane 是否喜欢自己，不确信 Jane 是否接受自己音乐会的票，借鉴网络一名学者的解释，"上述会话中 you know 的功能是维护说话人的面子,说话人担心自己被回绝,同时也担心对方直接拒绝引起不适,运用话语标记语 you know 顾全自己和 Jane 的颜面”。虽然英语本族语者运用话语标记语 you know 修正话语或者缓和人际关系的频率可能较低,但是外语学习者完全忽视这些功能还是不合理的。原因可能如下:一个是中国英语学习者不熟悉或者没有掌握 you know 的这些功能;另一个是这些功能或许并非中国外语学习者偏爱的功能;还有一个可能是本研究中介语语料库的话题限制了 you know 这些功能的使用。鉴于本研究语料取自考试场景,话题的范围受到了很大程度的限制,该语料库 COLSEC 选取 39 个话题,这些话题包含如下三个类别:“个人和人际问题、社会自然问题、校园生活问题”(甄凤超,2006,101),或许,这些话题限制了 you know 功能类型的使用。此外,在 COLSEC 语料库中,you know 维护面子和修正功能运用的场合较少,甚至不存在,还有一个很可能的原因是受到汉语母语功能近似对等物“你知道”的影响,巧合的是,在汉语口语语料库中,没有发现汉语本族语者使用话语标记语“你知道”执行缓和语气和修正的功能。很可能,中介语学习者母语中的功能近似对等物“你知道”缺失这两项功能。比如:目前还没查阅到有学者提到汉语话语标记语“你知道”具有维护面子或修正功能。也有一种可能是或许该话语标记语可以被用来保护颜面或者改正错误信息,然而,本研究的汉语口语语科库由于受某些因素(比如话题)的影响,汉语本族语者没有机会运用“你知道”的这些功能。本研究汉语口语语料库包含北京口语语料库和中国传媒大学的媒体语料库,前者样本小,而后者样本大,媒体语料库有其自身的特点,或许语料库的特征限制了“你知道”的功能,或者“你知道”的维护面子或修正功能在口语交流中不被常用(根据研究结果,“你知道”并非汉语常用话语标记语之一,因而,作为一个日常会话中出现频率极低的话语标记语的次要功能,它们出现的频率应该也非常低)。

从研究结果,我们可以推断出,这两项功能在英语中介语语科库中几乎不存在的原因之一可能是中介语学习者的母语中缺乏目的语功能近似对等物的某些相应功能,对中介语学习者来说,建立 Lowie(1998)谈到的全新概念是极其困难的。由 Lowie(1998)的观点推断建立全新的功能也是极其困难的,事实也证明如此。维护面子或修正功能在本研究中的使用情况说明母语功能近似对等物对学习者中介语学得的影响较大或者说母语对应式对外语或者第二语言学得中目的语的学得影响很大。还有，或许受到母语对应式的影响，第二语言或者外语学得者增加或者减少目的语话语标记语功能。本研究在 Lowie(1998)的研究基础上更进一步，学得全新的话语标记语的功能相当困难，尤其对中级水平的中介语学得者而言，可能性不大。本研究的结果支持了 Liu Binmei(2013)的研究结果。根据 Liu Binmei(2013)的研究，受到其汉语母语对应式“对”的功能的影响，第二语言习得者给话语标记语 yeah/yes 增添新的功能：作为反馈语。

再以话语标记语的提醒功能为例，

A：He almost got a full score on TOEFL.（他托福考试几乎满分。）

B：Really? you know, he was very poorat English when at school.（真的？you know，读书那会儿他英语很差。）

上面会话发生的语境是，B 知道 A 上学时候英语很差，托福考试竟然几乎满分，因而 B 对 A 的托福成绩大感诧异，B 运用话语标记语 you know 提醒 A 他上学时候英语很差。在提醒功能上，语用正迁移存在。国内外的相关研究表明：提醒功能是两个话语标记语的基本功能之一（Fox Tree Schrock，2002；陶红印，2003）。本研究的结果表明：“你知道”各项功能和整体功能频率低。问卷也表明：汉语本族语者口语交流中很少运用“你知道”，因而也很少运用“你知道”提醒听话人。该功能在本研究语料中出现的频率低，可能原因之一是该话语标记语在会话中的整体频率低，其具体功能频率当然低。然而，当中国外语学习者运用 you know 的提醒功能时，语用迁移表现出其积极影响。体现在他们使用 you know 的频率反而比汉语中“你知道”的使用频率还高。这可能因为 you know 是英语中的常用话语标记语（Fuller，2003），且提醒功能被视为 you know 的主要功能（Fox Tree & Schrock，2002），其在英语语言中的使用频率应该较高。上述解释说明，“你知道”的提醒功能促进了 you know 相应功能的习得，同时也证明语言间的语用功能重叠对语用习得产生了积极影响。

关于话语标记语 you know 认知功能中的解释功能，下面为一个极好的例子。“there are a lot of ways of entertaining nowadays, you know, watching TV, going to the cinema, going to the theatre, going to the concert and so on”(现代人的娱乐方式很多, you know, 可以看电视、看电影、去剧院、欣赏音乐会, 等等。)在该语篇中, 话语标记语 you know 被用来对已经陈述的信息“娱乐方式很多”进一步解释, 也即, 阐明“娱乐方式很多”所包含的具体内容。关于 you know 的解释功能, 迁移现象比较突出。具体解释如下: 在本研究中介语口语语料库中 you know 的解释功能频率最高。此功能是 you know 的常用功能(郑群, 2014)。Erman (2001)和 Macaulay(2002)的研究也证明了这一点。根据本研究结果, 鉴于 you know 的功能近似对等物“你知道”在汉语中也被用作解释话语, 在本研究的汉语口语语料库中,“你知道”的解释功能频率远远高出其他认知功能的频率。本研究结果与宋秀平(2011)的功能基本一致。宋秀平(2011)运用问卷调查了汉语本族语者对话语标记语“你知道”的功能熟悉情况, 结果表明: 8% 的受试者了解话语标记语的解释功能。这与本研究中介语口语语料库中 you know 解释功能的使用频率情况基本一致。或许母语中的功能近似对等物影响了 you know 的使用。在本研究的英汉语料中, you know 和“你知道”解释功能在英、汉语各自的口语语料库中的认知功能框架中频率排名最高。母语语用正迁移的效果明显。解释功能的频率迁移现象很显然。这说明高频率功能迁移的可能性或许更大。汉语为母语的中介语学习者对“解释功能”的运用也表明语言间语用功能重叠可能会推动了中介语学习者外语或者第二语言的发展。

关于强调功能, 语用迁移也存在,“你知道”的强调功能在汉语口语语料库认知功能使用框架中的频率仅次于“解释”功能,“你知道”的强调功能使用频率比其提醒功能使用频率高, 而在中介语语料库中, you know 强调功能的频率次于 you know 的解释和提醒功能。原因可能如下: Fox Tree & Shrock (2002)谈到提醒功能是 you know 的基本功能之一, 强调功能则不属于其基本功能; 而提醒功能被界定为“你知道”的主要功能(陶红印, 2003), 由此可见, 该功能在两个话语标记使用中的排名本身就不同, 很可能, you know 提醒功能的使用频率本身就高于强调功能,“你知道”提醒功能的使用频率本身就低于强调功能, 这样一来, 可能中介语学习者母语中功能近似对等物“你知道”的功能使用同样也促进了 you know 强调功能的使用。语用正迁移同样也发生了。

还有,在中介语学习者语料库中,除了使用频率,语用迁移还体现在其他方面。比如:中国英语学习者在运用 you know 耽搁功能的时候鲜少受其汉语母语的影响,原因是汉语母语者极少运用其汉语功能近似对等物“你知道”表达该功能。本研究中,虽然汉语本族语者在口语中鲜少使用“你知道”来争取时间考虑适当的表达,但是,外语学习者会较频繁地使用 you know 来拖延时间,以选择合适的语句。这一例证进一步说明了 you know 学得过程中,频率除外,汉语“你知道”的语用功能可能也是语用正迁移发生的主要因素之一。对语用正迁移而言,you know 的耽搁功能也是个极好的例证。“你知道”的耽搁功能在汉语语料库中的频率几乎可能为零,这说明汉语本族语者可能很少使用该话语标记语表达耽搁,然而,“你知道”的耽搁功能的使用并不妨碍外语学习者使用 you know 的耽搁功能。研究结果显示:you know 的耽搁功能的百万分比为13.23。

本研究在认知功能方面的研究成果也支持 Liu Binmei(2013)的研究结果:母语功能近似对等物的影响也很明显。话语标记语 I think 和 you know 同为认知类话语标记语,两者的习得过程可能有诸多相似之处。中国英语学习者在运用 you know 功能的时候,受到话语标记语“你知道”功能的影响,也会过度运用话语标记语 you know 的某个或者某些功能。比如,我们下面描述的语篇功能。认知功能研究表明,核心功能与实际运用未必一致。一个可能的原因是话语标记语的运用除了语言因素,原因是话语标记语知识属于语用知识的一部分,根据 Takahashi(2000)的观点,语言能力也影响语用知识的学得,还涉及许多非语言因素。比如,性别,年龄等(郑群,2014)。因而话语标记语的功能运用或许不是一成不变的而是处于不停的变化之中。比如,Fox Tree & Schrock(2002)描述了话语标记语 you know 的基本含义,其中谈到了该话语标记语的核查信息和提醒功能。在本研究中,话语标记语 you know 的一些认知功能,比如,信息核查功能和提醒功能在外语学习者的语料库中出现的频率非常低。一个可能原因是受到学习者母语中功能近似对等物“你知道”的影响,因为“你知道”的这两项功能频率都很低,信息共享百万分比率为0.28(整个功能框架排名第四);信息核查的百万分比率为

0.03(整个功能框架排名倒数第三)。另一个可能原因是受到其他因素的影响,比如语料特征。还有一个可能原因是这些功能还在外语学得者外语能力的控制范围之外。很多研究提到话语标记语的功能学得涉及多种因素。比如,根据 Schmidt(宋秀平,2008)的观点,首先,学习者需要注意到该语言形式。然而,话语标记语本身无概念意义(百度百科)。根据 Schmidt(引自宋秀平,2008)观点,学习者即使接触了相关输入,注意到这样的语言形式也很困难。注意是学得的第一步(Schmidt,引自宋秀平,2008),因而,学得话语标记语这样特征的语言形式绝非易事。

确切而言,即使话语标记语"你知道"和话语标记语 you know 存在一些功能(上的)重叠,但是,汉英为两门不同的语言,每门语言都有自己独立的语法系统,在很多方面有自己具体语言的特点。根据 Lowie(1998)的观点,任何概念都非完全一致的。由 Lowie(1998)的观点可以推断,事实上,很可能,即使不同语言间的语言对应式有功能相似之处,但是考虑到不同语言的固有特点和语言之间的差异性,不同语言间存在两个功能完全一致的对应式的可能性较小。从研究结果来看,鉴于功能近似对等物"你知道"和 you know 功能并非完全对等,所以功能近似对等物在两门语言中的语用力很可能不同,如果学习者混淆了两个话语标记语的功能,也就引发了 Takahashi(1995)所提出的语言形式和语用力不当的映射。就话语标记语而言,虽然语言之间有一些共性,但是每门语言应有自己的特点,比如汉英之间在某些方面有共同点,但是也有相异点。相关研究(比如 Liu Binmei,2013)已经证明这一点。混淆它们的功能只能损坏话语的意向力(illocution)(Takahashi,1995,41)。

进一步讲,目前的研究结果证明:外语学习者在使用话语标记语的过程中,把外语中的语言形式与语言力进行了不适当的匹配。这种不适当的匹配可能源于学习者的第一语言或者母语的影响。这种语言形式与语用力不当匹配在相关研究领域得到关注,比如 Takahashi(1995)的研究就提到了这一点。但是,到目前为止相关的实证研究甚少。如 Kasper(1992)所言,假定在语言外表现行为层面上,语用语言迁移可能会产生不同的结果。在本研究的认知功能框架中,母语功能近似对等物"你知道"的整体使用频率和具体功能使用频率可能影响了目的语话语标记语 you know 的功能运用。中介语学习者在运用话语标记语 you know 的维护面子、修正功能、引用信息、提醒功能、解释功能、强调功能上，频率迁移的现象比较突出。在接下来描述的语篇功能的运用上，中介语学习者的母语影响更为突出。表格显示：外语学习者的语料库 COLSEC 中出现的话语标记语的一些功能，比如，话语标记语 you know 可被用来表示前后对比，表示结果，转移话题等等，然而，根据笔者对过往文献的分析，鲜少或者几乎没有研究者提到话语标记语 you know 的这些功能。根据本研究对"你知道"功能的分析，其实这些功能都为外语学习者母语中的话语标记语"你知道"所具有。根据上述结果，比如，中国英语学习者使用 you know 表达结果、对比等，过分使用 you know 引进信息，这些使用很可能无法实现 you know 应有的语用力。可以说，本研究中国英语学习者很可能把 you know 与其语用力进行了不适当的匹配。可以推测，或许有些中国英语学习者把话语标记语"你知道"和 you know 视为完全对等的。这样完全混淆了两个话语标记语。这从一个侧面说明中国英语学习者语用意识匮乏。

本研究结果表明：语用迁移现象显著。语用迁移不仅仅表现在"你知道"和 you know 的整体使用频率和某些具体功能使用频率上，还表现在话语标记语 you know 和其汉语中的功能近似对等物"你知道"的功能类型上的使用上。确切而言，本研究结果显示话语标记语 you know 和其功能近似对等物"你知道"并不表达一致的语用力，由于语用负迁移，有时我们也不能获得期待的语用效果。最终出现了话语标记语某些功能的错误习得。

五、语篇功能

关于语篇功能，很显然，母语影响十分突出。可以说在话语标记语 you know 和"你知道"的三个功能框架中语篇功能的框架迁移效果最明显。上述表格显示：在多数情况下，汉语为母语的英语学习者运用话语标记语 you know 组织语篇。比如，他们可以运用话语标记语 you know 在言语中起始话题、结束话题、进行比较、做填充词、表达结果等等。相比之下，Fung & Carter

(2007)对英语本族语者语料库的研究只是展示了话语标记语 you know 的人际功能和认知功能。话语标记语 you know 的中心概念是说话人运用话语标记语 you know 期待听话人进行推理而不是进行语篇组织(Fox Tree & Schrock,2002,740)。根据 Fox Tree Schrock(2002)的描述,英语本族语者只是偶尔运用 you know 组织语篇,比如,提供进一步的信息,标示信息不足等等。Fung & Carter(2007)和 Fox Tree & Schrock(2002)的观点是一致的,纵然英语本族语者偶尔运用话语标记语 you know 来转换话题,强调信息,等等,但是这种现象出现的频率非常低,不像其信息共享功能、核查功能、注意功能一样,话语标记语 you know 的语篇功能非其主要功能或者基本功能,准确地说是次要功能。

相比之下,在本研究中,话语标记语 you know 的语篇功能不但种类繁多,具体而言,有七类篇章功能,而且,有些功能在本研究中介语学习者语料库中的频率还很高,比如,引进信息和填充词功能的整体框架排名第二和第四。可以说,汉语为母语的英语学习者多数情况下使用话语标记语 you know 的篇章组织功能,结合研究者们对其功能的描述,在外语学习者的会话中,话语标记语 you know 很可能没有实现其在会话中应有的语用力。比如,在外语学习者的 COLSEC 语料库中,外语学习者运用话语标记语 you know 进行对比,引出某种结果,表达话语中的停顿,等等。这些功能均是外语学习者在运用话语标记语 you know 时候赋予其的新功能。结果是话语标记语 you know 的语用力很可能无法得以充分实现,而且本研究发现这些新赋予的功能均是外语学习者母语中功能近似对等物"你知道"所具有的功能。本研究也支持了 Liu Binmei (2013)的研究,受到汉语话语标记语"你觉得"的影响,与英语本族语者对 I think 的功能运用不同的是,母语为汉语的第二语言习得者偏爱把话语标记语 I think 置于句首表达迟疑功能。很明显,正如在 Liu Binmei (2013)的研究中母语为汉语的外语学习者运用 I think 的时候,受到汉语话语标记语"你觉得"的影响赋予它新的功能,在运用 you know 的时候受到汉语话语标记语"你知道"的影响同样增加了一些新功能。Liu Binmei(2013)和本研究结果说明学习者母语对其目标语话语标记语功能的运用产生了影响,同时也说明外语学习者语用意识匮乏。还有,樊庆辉

(2011)的研究也表明:在其会话研究的初期和中期阶段,第二语言习得者在习得目的语话语标记语的过程中,不具备语码转换的能力,直接把目的语语言表达式与母语相应的表达式等同起来。本研究的问卷结果也显示:受试者表明当不会使用话语标记语 you know 功能的时候,21.9% 的受试者会寻求母语的帮助。

可以说,就两个话语标记语语篇功能的功能框架而言,很显然,研究结果显示了框架迁移,两个话语标记语的语篇功能框架相同。功能框架频率迁移比较突出。如下分析表明在 you know 语篇功能的运用上既有语用负迁移也有语用正迁移。就语用负迁移而言,引进信息功能是个极好的例证。根据 Fox Tree & Schrock(2002)的描述,提供进一步信息,标示信息不足等篇章功能并非话语标记语 you know 的基本功能。然而,在本研究 you know 的语篇功能框架中,引出信息功能的百万分比率为 133.66,本框架中频率排名最高,其频率排名仅仅次于共享信息功能。根据 Fox Tree & Schrock(2002)对 you know 基本功能的介绍,显然,引进信息非其基本功能。然而,在本研究框架中,该功能频率排名如此高,显然,中介语学习者与英语本族语者对该功能的频率运用差异应该很大,可以说,中介语学习者过度运用话语标记语 you know 的引进信息功能。原因可能是 you know 在中介语学习者的母语汉语中有其功能近似对等物,且"你知道"在汉语语篇功能框架中该功能出现频率排名最高。很可能母语对应式功能以及功能频率导致了语用负迁移。本研究也支持了 Liu Binmei(2013)的研究结论:在第二语言习得者运用话语标记语的过程中,受到其母语功能近似对等物的影响而过度运用目的语话语标记语的某个功能。

同样,在语篇功能的使用中,语用正迁移起了作用。关于引出话题,本研究结果显示:汉语本族语者频繁使用"你知道"的这项功能。其功能频率百万分比为 1.30,在整个框架排名第二。然而,引出话题并非 you know 的基本功能(Fox Tree & Shrock,2002)。事实上,中国英语学习者并没有受到他(她)们母语功能近似对等物的影响,频繁使用该功能。本研究中 you know 其功能百万分比为 18.53。与"你知道"该功能的百万分比率相比,you know 该项功能在整体框架中的排名低得多得多。"结束话题"功能的使用也是语用正迁移比较恰当的例证。Fox Tree & Shrock(2002)的研究表明 you know 可被用来结束话题,但是英语本族语者并不经常使用这项功能。本研究结果显示 you know 该项功能的百万分比率为3.97;"你知道"该项功能的百万分比率为0.03。均在两个话语标记语功能框架中排最末位。可以推断语用正迁移发生了。语篇功能的使用中语用负迁移表现在如下功能的运用上:对比、结果、填充词等。以填充词功能为例,本研究中,填充词功能频率在母语为汉语的中介语语料库中的频率很高,其百万分比为108.51,在所有功能中排第四,Fox Tree & Shrock(2002)的研究没有提到填充词为 you know 的基本功能之一。you know 对应式"你知道"该功能频率在汉语语料库中百万分比为0.03,在所有功能中排最末位。语用负迁移产生的一个可能的原因是中介语学习者母语功能近似对等物可能具有该功能,尽管汉语母语者并不经常运用"你知道"的填充词功能。另一个可能的原因是中国英语学习者偏爱 you know 作为填充词的功能。结果,you know 该功能在中介语语料库中的频率偏高。关于表示对比和表示结果功能,根据以往文献,这些功能几乎不被英语本族语者所提到。笔者查阅文献的过程中,到目前还没有发现有研究探讨 you know 的这两项功能。然而,中介语学习者运用话语标记语 you know 进行对比,表示结果,具体而言,在本研究中介语语料库中,对比功能百万分比为7.94,结果功能百万分比为6.62。在汉语口语语料库中,"你知道"的对比功能百万分比为0.02,结果功能百万分比为0.09。很可能,中介语学习者对话语标记语 you know 的使用受到了其母语功能近似对等物"你知道"功能的影响。

上述研究说明学习者母语中的语用功能类型推进或阻碍了外语中相应语言形式的功能类型学得。本研究结果显示:在语篇功能框架上,两门不同语言的话语标记语语言对应式的功能框架呈一一对应关系。本研究的语用负迁移和语用意识匮乏现象显而易见,本研究的这种现象也存在于其他学者的研究中,比如,根据 Liu Binmei(2013)的研究,母语为汉语的第二语言习得者在运用目的语 yeah/yes 时候受到了其母语对应表达式的影响。事实上,话语标记语 you know 篇章组织功能不属于其基本功能(Fox Tree & Shrock,2002)。很可能,在中国英语学习者使用 you know 组织篇章时候,可能受其母语和个人因素影响，或者，准确地说，中国英语学习者更倾向于使用 you know 的篇章组织功能。具体解释如下：关于“你知道”的语篇功能，笔者（2011）的研究结果表明：汉语本族语者比较偏爱话语标记语“你知道”的语篇功能，或者说话语标记语“你知道”的语篇功能在汉语语篇中出现的频率很高，在其诸多功能中很突出。例如：

我很累。“你知道”，最近又开通了一条新的地铁线路。

在该语段中，“你知道”之前谈论的是会话人的个人状况，“你知道”开启了新的话题：地铁。

笔者（2011）和本研究结果表明：在汉语的实际运用中，在很多情况下，人们还是更喜欢运用话语标记语“你知道”连接话语，也即，其语篇组织功能出现的频率较高。宋秀平（2011）与本研究结果证明了一点。但是，就英语话语标记语 you know 而言，虽然英语本族语者偶尔尝试其语篇功能，但是语篇功能并非其核心功能，其语篇功能出现的频率也低（Fox Tree & Schrock，2002）。根据笔者的研究，本研究中介语学习者过度运用话语标记语 you know 语篇功能的另一个可能原因是：母语为汉语的英语中级学习者在其汉语日常交流中，可能偏爱其目标话语标记语 you know 的功能近似对等物“你知道”的语篇功能。功能类型偏好迁移可能导致中国英语学习者过分使用“你知道”的英语对应式 you know 的语篇功能。本研究中，这种迁移模式既包括有意识的迁移也包含无意识的迁移。有意识的迁移体现在替换策略上，如问卷结果显示：当学习者不会使用 you know 的时候，部分学习者会寻求使用其母语对应式“你知道”的功能；另一种无意识的迁移体现在中国英语学习者缺乏语用意识，如问卷所示，当中国英语学习者不能使用 you know 时候，会选择多种策略，比如，停顿策略，肢体语言等。还有，如问卷调查显示：有些外语学习者认为语言形式，语义，或者功能方面相似的语言形式可以相互替代或者可以通用。

根据笔者的研究，本研究中的母语为汉语的外语学习者过度使用话语标记语 you know 的语篇功能很可能也和个人偏好有关系。比如，在问卷中，大多数学生反应：在话语标记语的运用中，个人偏好也起重要作用，个人偏好是某些人运用某些话语标记语的动机。这些过度运用话语标记语 you know 语篇功能的外语学习者很可能在母语交流中偏好运用汉语话语标记语“你知道”的语篇功能，且有可能把这种偏好迁移到了他们目的语(英语)中的功能近似对等物 you know 的功能运用上，这也可以被视为一种偏好迁移。研究结果证实了 Kwon Jihyun 的观点：外语学习者在学习目的语的过程中迁移了他们母语中的学习策略。在本研究中，中国英语学习者迁移了他们母语汉语中功能近似对等物“你知道”的功能使用模式。最终，错误学得发生了。研究结果显示：母语为汉语的有些学习者在学习目的语话语标记语 you know 的过程中，复制了其母语中的功能近似对等物“你知道”的某些功能。另一个可能的原因为受学习者“感知”的影响。如问卷调查显示：有些外语学习者认为在语言形式，语义，或者功能方面相似的语言形式可以相互替代或者可以通用。在话语标记语 you know 的语篇功能运用过程中，同样的现象存在，表现在“你知道”和 you know 语篇功能框架一致，有些外语学习者或许下意识地把这两者等同，原因之一或许是受到学习者不当感知的影响，Liu Binmei(2013)的研究也存在这种现象。本研究中，在某些语境下，中国英语学习者给 you know 增添英语本族语者不使用的功能，这种现象同样受到上面提到的 Kwon Jihyun 的学习策略迁移和本研究问卷中提到的中级英语学习者错误感知的影响。从本研究的语料分析结果和问卷调查，我们可以假定中级水平的中国英语学习者在使用 you know 的过程中，深受话语标记语“你知道”功能的影响，有些学习者甚至无意识视这两个功能近似对等物的功能一致，这种现象最终可能削弱了 you know 在英语中传达的语用力。

六、迁移的内化

本研究证实在外语习得环境之下，迁移现象可能已经内化。研究结果显示，57% 的中国英语学习者声明：他们在运用话语标记语 you know 的过程中，并不受其母语中的功能近似对等物“你知道”的影响。实际上，在语料库中，语用迁移现象非常普遍，比如“你知道”与 you know 语篇功能框架基本一致。语料和问卷调查分析已经证实：在语言使用中，当外语学习者运用目标话语标记语 you know 遇到困难的时候，外语学习者普遍依赖他们母语中的功能近似对等物“你知道”。原因如下：如 Kasper(1992)所声明的，语用迁移中存在高度自治的加工模式和受控制的加工模式。根据 Kasper(1992)的观点，就话语标记语而言，学习者第一语言或者母语中的功能近似对等物“你知道”的知识处于这种高度自动化状态。本研究验证了 Kasper(1992)的观点，当学习者运用目标话语标记语 you know 遇到困难时候，中介语学习者的母语中高度自动化的知识(“你知道”的功能知识)会下意识地产生影响，影响学习者运用目标话语标记语 you know。纵然问卷调查显示：57% 的汉语为母语的学习者口头上声称他们在运用话语标记语 you know 的过程中并没有受到其母语对应式的影响，这与语料库分析的结果不一致。实情是外语学习者不但受到了他们母语的影响，而且这种影响是弥漫性的。譬如，如上所述，母语为汉语的英语学习者混淆了话语标记语 you know 和其汉语中的功能近似对等物“你知道”的人际功能(比如核查功能)，认知功能和语篇功能的某个或某些功能(表达结果、对比)，还有，这两个话语标记语在其相应的语料库中的频率都较低。

新功能的赋予即为一个十分明显的例证。外语学习者在 COLSEC 语料库中赋予话语标记语 you know 新功能的频率和话语标记语“你知道”的对应功能频率在各自整体功能框架中的频率排名几乎一致。这些在外语学习者 COLSEC 语料库中所出现的话语标记语 you know 的新功能，目标语本族语者(英语本族语者)或许从不使用，原因可能是外语学习者在运用话语标记语 you know 的过程中，迁移了其母语功能近似对等物“你知道”的功能类型(上面已经解释过)。还有，在本研究的中介语语料库中，中介语学习者不使用 you know 的某些功能，比如，维护面子、修正信息等功能。很可能，这些功能在本研究中介语语料库中的消失也受到了学习者母语的影响。确切而言，英语话语标记语 you know 和其在汉语中的功能近似对等物“你知道”属于不同的语言，很可能，在许多情况下，两者表达不同的言外之力。比如，在中国外语学习者语料库(COLSEC)中，中国外语学习者运用话语标记语 you know 以多种形式组织语篇，根据研究者对其核心功能的论述，其实在那些语境中话语标记语 you know 的运用可能是不恰当的。这种现象的原因可能是语用迁移。本研究不但证实了 Kasper(1992)研究中一些学者的论断：语用语言迁移发生了，而且，本研究还显示：在目的语话语标记语学得的过程中，目的语水平为中级的外语学习者母语中的相关知识在很大程度上会对目的语相关知识学得产生潜移默化的影响。鉴于本研究的外语学习者目的语水平均为中级，这种影响的程度也许因学习者目的语水平而有变化，具体而言，对于其他层次（诸如稍高层级的学得者、高级目的语学得者等）的目的语学得者，母语对他们的影响或许不同。从另外一个角度来讲，考虑到本研究中级英语学习者受到其母语的影响如此广泛且这种影响可能已经“内化”。这种现象的产生对该学习阶段话语标记语的教学有一定的指导意义。这同时也说明话语标记语或许为该阶段 Schmidt & Frota（宋秀平，2008）所谈到的外语学习者中介语与目的语的缺口（gap）。同时也说明很可能该阶段的话语标记语学习更需要教学干预。

综合以往研究成果，语用迁移也是一种迁移策略。Kasper（1992）的研究表明第二语言习得中存在学习策略迁移现象。Kasper 研究了母语为日语的学习者如何运用目的语英语中的拒绝策略，研究发现：在用英语表达拒绝这一行为时候，研究对象迁移了母语中用以表示拒绝的方式。从 Kasper（1992）的研究我们可以推断出：在语言习得过程中，策略迁移现象在语用上是很普遍的。本研究已经证明了中国英语学习者在运用话语标记语的过程中语用迁移的弥漫性影响。话语标记语的运用其实也算作一种言语行为，因为不同语言的话语标记语有共性，也有相异之处，并非具有完全一致的功能，其他（她）学者（比如 Liu Binmei，2013）与本研究均提到这一点。因此，所以我们很难在不同语言中找到具有完全对等功能的话语标记语，或者说，话语标记语具有鲜明的具体语言特点。虽然“你知道”和 you know 功能有相似之处，但是它们在各自语言中应该有具体语言特征的语用力。其实，由于没有完全一致的语言或者各个语言有其自身特点，不同语言的语言行为类型可能均具有其具体语言的特征。以往很多对言语行为（比如拒绝行为、建议、道歉等等）的研究（比如 Wannaruk Anchalee，2008）证明：在语言行为的运用过程中，语用迁移是一个很突出的现象。而且，Wannaruk Anchalee（2008）还提到，低水平的目的语学习者当遇到交流困难时候，越倾向于求助外语学习者的母语或者第一语言，语用负迁移越容易发生。在这一点上，话语标记语的学得过程不同。访谈结果显示:国内读书的两位高中生在英语交流中几乎不存在语用迁移的现象,而问卷显示中级外语学习者在使用英语交流时候,受到其母语的干扰较大,比如,21.9%的参与者会求助于母语,在母语中寻求 you know 的替代物。然而,问卷显示:在国外留学的第二语言习得者能自如使用话语标记语,可以说,对于高级水平的第二语言习得者而言,他(她)们在使用第二语言话语标记语的过程中很少受到他(她)们母语的影响。基于本研究结果,笔者推测在外语习得过程中,话语标记语与学习者目的语水平的关系与其他类型的言语行为或许不同,准确而言,就外语或者第二语言学得而言,很可能,仅某个阶段的目的语语言水平,也即中级水平,与话语标记语的使用有较大关联,低级与高级目的语水平与语用迁移的关联不是很大,且其与语用迁移的关联呈两个极端。具体而言,在低级水平的外语学得过程中,话语标记语语用迁移几乎不存在;而在高级水平的外语学得过程中,话语标记语语用迁移较少,如访谈所示,在国外留学四年的第二语言习得者能自如使用目的语话语标记语,可以说,在话语标记语使用过程中,语用迁移量与目的语的语言水平关联特征如下:在外语学得过程中,只有某个目的语水平阶段,也即,外语学得过程中的中级目的语水平阶段与话语标记语语用迁移量的关联较大。语用迁移量在中国外语话语标记语学得过程中呈现一个三角形形状。

当外语学习者为初学者时候,本研究结果显示国内高中生基本不会使用话语标记语,语用迁移的影响小。随着学习者目的语能力上升,语用迁移对外语学习者的影响越来越大,外语学习者目的语语言水平达到中级时候,语用迁移量也达到了峰值。之后,随着学习者的语言能力靠近目的语高级水平,语用迁移量越来越小,到了某个目的语程度,语用迁移量达到最低,但是完全排除语用迁移应该还是不太可能,另外,一个外语学习者或者第二语言习得者是否能够达到与目的语本族语者一样的语言能力,还有待未来研究去验证。根据 Borderia & Garcia (2006)的研究结果,在外语或者第二语言习得的过程中,一个影响因素是迁移。还有,国内学者熊薇薇(2006)对话语标记语 you know 的研究也提及了语用迁移是影响话语标记语使用的因素。语用迁移如何作用于外语学习者运用话语标记语 you know 的过程并非熊薇薇(2006)的研究焦点。总之,有研究(Istvâan & Tèunde,2000)显示迁移在很多方面均存在,比如,结构,语用等。既然迁移现象范围如此广泛,我们就可以推断,在各个层面的第二语言或者外语习得中,迁移或许是需要考虑的重要因素。为了更好全面发展第二语言或者外语学得者的语言能力,我们应该设法把各个层面负迁移的影响降到最低限度,如 Kasper(1992)所言,今后很有必要研究迁移的条件和影响迁移的重要因素。

七、话语标记语发展的动态性特征

上面的描述已经说明了中国英语学习者在运用话语标记语 you know 的过程中迁移了她(他)们母语中的功能近似对等物"你知道"的功能框架和功能类型。关于不同语言间的功能近似对等物的迁移,相关研究甚少。本研究结果证实了之前研究的结果,根据 Lowie(1998)的观点,母语与目的语的重叠成分促进或者帮助了目的语学得,准确地说,是学习者母语中已经建立的概念表征推动了目的语的学得。如果把 Lowie(1998)的观点作用于话语标记语的学得过程,具体过程如下:以话语标记语 you know 的学得为例,外语学得者在习得其母语汉语的过程中,已经习得了话语标记语"你知道"的功能特征;本研究显示"你知道"和 you know 有较多重叠的功能,因而,两个话语标记语的功能特征有较多重叠的成分;以人际功能为例,两个话语标记语都执行信息共享和信息核查功能,关于这两项功能,两个话语标记语的功能特征可以说基本上是一样的;同样两者的认知功能也有诸多功能特征的重叠,比如,提醒功能、强调功能、解释功能等;还有在语篇功能方面,在引出话题、结束话题、引进信息方面,两个话语标记语的功能特征均重叠;这样,当外语学习者学得 you know 的人际功能、认知功能、语篇功能时候,就无需建立 you know 人际功能和上述谈到的认知功能和语篇功能的功能特征,学得 you know 这些功能的过程即为一个匹配过程,可以说,母语中的功能近似对等物促进第二语言或者外语学得。Liu Binmei(2013)的研究证实了 Lowie(2000)的观点。Liu Binmei(2013)以话语标记语"I think""yeah\yes""ah"为例探讨了第一语言对目的语学得的影响,比如,在发话人发出"uh huh"或者“ok”时候，英语本族语者不会以“yeah\yes”来回应，而受到“yeah\yes”在汉语中功能近似对等物“对”功能的影响，母语为汉语的外语学习者会这样做，原因是话语标记语“对”在汉语中有确认或者附和的用法。本研究结果也证实了 Lowie(1988)的研究结论。

对于话语标记语 you know 而言，关于其功能，根据 Fox Tree & Schrock (2002)的描述，有如下两种说法，一种说法是 you know 被说话人用来假定陈述的信息听话人应该知道，当然，事实上，听话人或者知道或者不了解说话人陈述的信息，另一种说法是说话人运用话语标记语 you know 期望听话人进行某种推理从而弄清楚言语的会话含义。从上面英语本族语者对其功能的两种看法，我们可以推断出，语篇组织功能一定不是其主要功能。然而，在本研究的语料中，话语标记语 you know 被广泛用于组织语篇，可以说，在语篇功能的使用上，语用负迁移的现象比较突出，具体而言，外语学习者运用 you know 起始话题、结束话题、进行对比、做填充词、表示结果，等等。还有，中国外语学习者会给 you know 增添一些英语本族语者或许从不使用的新功能，也即直接复制其母语功能近似对等物“你知道”的功能。比如，英语本族语者或许从不使用话语标记语 you know 进行对比或者表示结果。在很大程度上，语用负迁移发生了。Zhang Q. G. & Peyman G. Sabet (2016)提出了语言弹性模式，第一语言和第二语言中对某个或者某些功能的滥用或者过少使用或许是源于学习者的关注焦点和偏爱不同。笔者赞同 Zhang Q. G. & Peyman G. Sabet (2016)的观点，偏好影响话语标记语的使用。本研究问卷参与者大多数反应：在话语标记语使用中，个人偏好也起作用，个人偏好是某些语言使用者使用某些话语标记语的动机。随着科技的发展，新生事物的出现，语言一直在缓慢地发生变化。伴随着国际交流，不同语言间相互影响，在母语或者第二语言或者外语习得或学得过程中，很可能，某些语言形式的概念表征也会发生变化，原因如下：根据 Pavlenko 的观点，英语为第二语言的双语学习者的记忆表征在变化中(引自 Doughty & Long, 2003, 165)。根据 Pavlenko 的观点，可以推断出：如双语学习者一样，在外语或者第二语言学得过程中，随着和目的语本族语者更多的交流，外语或者第二语言和目的语言相互影响，外语或者第二语言学习者的记忆表征可能会发生变化，话语标记语的功能可能也会随之发生变化。在语言变化的过程中，语言中会出现新的词汇和新的语法项目，话语标记语 you know 和“你知道”或许会具备新的功能。这种语用负迁移或许可被视为语言变化的驱动力。

八、功能类型迁移

总体上，本研究证明受到学习者母语对等物的影响，中国外语学习者对话语标记语 you know 功能的重视程度不同或者使用频率不同。就三个功能的整体运用而言，话语标记语“你知道”在语料库中功能的频率从高到低依次为：引进信息（introducing information）、引出话题（initiating a topic）、解释（explanation）、信息共享（information sharing）。话语标记语 you know 所有功能当中，按照运用频率从高到低依次为：信息共享、引进信息、解释、填充词等等。根据研究结果，两个话语标记语的“信息共享（information sharing）”“引进信息（introducing information）”“解释（explanation）”均为两个话语标记语出现频率高的功能。笔者的研究表明：话语标记语 you know 的这些功能可能最受中国外语学习者欢迎。

本研究功能类型的迁移比较明显，两个话语标记语“你知道”和 you know 的功能特征基本一致（“耽搁”功能除外），功能类型多样化。就话语标记语 you know 而言，Fox Tree & Schrock（2002）提出，话语标记语 you know 的基本意义被用来表明它之后陈述的信息应该为会话双方均了解的信息，或者驱动学习者对话语进行推理，以探查发话人话语背后的信息。本研究通过中介语语料库的调查证明了 Fox Tree & Schrock（2002）的观点，Fox Tree & Schrock（2002）提议话语标记语 you know 的共享信息为该话语标记语的核心功能之一，本研究证实：除了这个核心功能，you know 可能还有如下重要功能：解释、引进信息、填充词功能。或许，提醒功能也为其主要功能之一。另外，可能，它还有很多其他的边缘功能，比如：强调、耽搁、对比、引出话题、话题转移、结束话题、结果等。关于“你知道”的功能，刘丽艳（2006）、陶红印（2003）、杨晓霞（2006）对其均有论述。根据刘丽艳（2006）的观点，说话人运用“你知道”的目的是引出发话人认为会话双方的已知信息，且该已知信息为会话双方共享；陶红印（2003）和杨晓霞（2006）谈到了话语标记语“你知道”的信息核查功能和注意功能，具体来说，陶红印（2003）认为话语标记语“你知道”可以被用来检查听话人是否理解已经陈述的信息；或者引起听话人对陈述信息的注意。

中介语语料库信息表明：刘丽艳（2006）、陶红印（2003）、杨晓霞（2006）描述的均或许是话语标记语“你知道”的主要功能。本研究结果证明：引进信息（1.83），引出话题（1.30），解释（0.87），信息共享（0.28）为“你知道”的重要功能，另外，它可能还有其他多种边缘功能，比如：强调、耽搁、对比、引出话题、话题转移、结束话题、结果、填充词等。本研究的结果显示：“你知道”的语篇功能在本研究的汉语口语语料库中频率最高，鉴于本研究的汉语语料库中的媒体语料占绝大部分，北京口语语料库仅仅为 1 840 000 字的文档；而中国传媒大学的媒体语料总字符数达到 241 316 530。这也说明，至少在媒体语料为主的语篇中，“你知道”的语篇功能被汉语本族语者频繁使用或者受到汉语本族语者的欢迎。关于话语标记语“你知道”的主要功能，需要未来更多的探索。本研究的结果证实了 Bell（1998，引自 Yang & Chen，2015）的建议。根据 Bell（1998）的观点，话语标记语都有多个边缘功能，一个话语标记语核心功能或者核心语用功能也只有一个，这个核心或核心语用功能是稳定的。本研究结果比 Bell（1998）的提议往前更进了一步，可以说话语标记语都具有不止一个功能，或者说话语标记语具备多功能性。其核心功能或者核心语用功能未必也只有一个，这些核心功能或者核心语用功能应该是稳定的，基于 Bell（1998）的观点，话语标记语的功能运用或许呈现这样一个模式：以某一个或者某几个稳定的核心功能或者核心语用功能为主，多个边缘功能为辅的运用模式。以话语标记语 you know 而言，母语为汉语的英语中介语学习者的功能运用模式可以这样描述：以信息共享、解释、填充词核心功能或者核心语用功能为主，多个边缘功能（提醒、强调、耽搁、对比、引出话题、话题转移、结束话题、结果、填充词、引进信息等）为辅的功能运用模式。汉语话语标记语“你知道”的运用模式可以被描述作：以引进信息、引出话题、解释功能核心功能或者核心语用功能为主，多个边缘功能（表示结果、强调、话题转移、结束话题、填充词、对比、提醒等）为辅的功能运用模式。从两个话语标记语的功能运用模式,可以发现两个话语标记语的核心功能有其相同成分,或者说有重叠度。

本研究结果证实功能近似对等物促进了目的语话语标记语功能特征的建立,根据 Lowie(1998,107)的观点,“与第一语言学习不同,第二语言学习者通常不需要给自己的知识库增添新的意义,相反,大部分时间需要把新的语言形式映射到已有的意义上,心理词汇的语际联系由概念表征调节”,母语为汉语的英语中介语学习者在习得母语的过程中,已经建立了一套与母语对应式多个功能的对应特征,由于话语标记语 you know 与母语中的对应表达式的功能有诸多重叠成分,大多数情况下,“无需建立”(Lowie,1998,107)全“新的概念”(Lowie,1998,107)或功能特征,因而,话语标记语 you know 的功能比较容易学得且易受到母语的影响程度较深。由此可以推断,诸如 you know 这样的英语话语标记语,其在汉语中有功能近似对等物,这一类话语标记语的外语学得过程中,母语影响可能都比较明显;而对于其他类型的话语标记语,如果这些话语标记语在汉语中没有功能近似对等物或者其功能近似对等物的对等性不如 you know 与“你知道”的对等性强,其受汉语母语的影响未必很大。其外语学得过程可能呈现别样的特点,比如,对于话语标记语 sort of,它们在汉语中不存在功能近似对等物。根据笔者的教学经验,like 在中国英语学习者的英语交流中很少被使用,一个很可能的原因是,中介语学习者没有掌握这些话语标记语的功能,从这一方面,我们可以推断迁移是把双刃剑,在某种程度上,其既阻碍又推动话语标记语的学得,根据本研究结果,母语功能近似对等物的推动作用不容小觑。问卷调查显示:在中国英语学习者使用话语标记语的过程中,I think、well、ok 出现的频率非常高,中国英语学习者几乎把这些话语标记语运用到所有的语境中。这三个话语标记语在汉语中均有其对应式,然而其对等的程度有差异,比如,I think 在汉语中的功能近似对等物为“我觉得”,它们的对等性与“你知道”与 you know 的对等性大体一致。然而,ok 的一个汉语对应式为“对”,它们的对应性可能逊色于 I think 和“我觉得”的对等程度。或许,外语学得者更倾向于使用有对等性的话语标记语。或许在外语学得过程中,话语标记语的使用与不同语言间的对应式有关,或许,影响目的语话语标记语的使用因素之一为外语学习者母语中的功能近似对等物的对等性。这一论断在多大程度上合理有待未来研究的验证。还有 34.4% 的中国英语学习者会选择其他的话语标记语，学习者列举的话语标记语有 well、you see、I mean、ok、let me see，等等。根据 Fung & Carter（2007）的研究结果，这些词语或者短语均在其教学语料库 CANCODE 频率排名前 100 以内。Fung & Carter（2007）的陈述说明上述提到的话语标记语均为在英语交流中出现频率高的话语标记语。然而，有些话语标记语在中介语学习者口语中出现的频率低，一个可能原因可能如下：中介语学习者的母语影响了目的语中相应话语标记语的学得，比如，若学习者母语中有目的语话语标记语的功能近似对等物，如本研究所示，该功能近似对等物很有可能促进目的语对应式的学得，从而使中介语学习者对目的语对应式功能有较好的掌握。而对于那些没有功能近似对等物的话语标记语，中介语学习者对其功能可能掌握较差，可能原因有如下方面：首先，这些话语标记语的功能学得或许没有得益于母语的促进作用。其次，话语标记语目前并非语言教学的一部分，这一点很多学者（比如 Sankoff 等，1997）就意识到了。由于课堂讲授不包含话语标记语，外语学习者对其功能掌握的可能性就降低了（Liu Binmei，2013）。在外语学得环境中，对于绝大多数外语学习者而言，课堂学习英语是主要途径之一。还有，话语标记语无命题意义（百度百科），其可替代性程度或者被忽略程度可能较高。比如，本研究中话语标记语 you know 的可替换策略如下：相应的母语话语标记语，英语话语标记语 en，停顿策略，诸如 well、you see、I mean、ok、let me see 等其他话语标记语，不选择任何策略，实词等。这种可替代性在某种程度上阻碍了话语标记语的功能学得。还有，个人偏好也是影响话语标记语使用的因素之一，许多学者提到了这一点。本书某个章节谈到了偏好迁移。如果中介语学习者在其母语使用中喜欢使用"你知道"，有可能，他们会把偏好迁移到目的语的运用中；由于个人偏好，个别学习者或许不使用话语标记语，或许使用某个或某些话语标记语或者其某个或某些功能。总之，个人偏好影响话语标记语的使用证实了学者们的观点。本研究的结果与 Liu Binmei（2013）的研究结果相似。Liu Binmei（2013）的研究显示：在第二语言习得者运用目的语话语标记语 I think、yeah/yes、ah 时候，均受到第二语言习得者汉语母语对应式的影响。

九、语言偏好的影响

问卷分析表明:一些汉语英语学习者表达了他们在用目的语交流的过程中,对运用话语标记语 you know 的偏好。这也表明:个体学习特征的迁移也是语用迁移的一部分。首先,根据 Istvâan & Tèunde(2000,108)的观点,"与语法发展相比,学习者对语用发展有更多的控制力;学习者通常自由选择语用单位和发展语用态度"。从 Istvâan & Tèunde(2000)的研究可推断出:就话语标记语 you know 而言,在其学得和使用上,语言学习者有更大程度的自由,学习者学得和决定使用 you know 的哪项功能可能与个人偏好有关。基于本研究的结果,可以推断:就话语标记语而言,外语学习者使用哪个话语标记语和哪个话语标记语的哪项功能,外语学习者有更大的自由度,个人偏好是语用成分使用中的不可忽视因素。本研究问卷显示:大多数学生的反应表明个人偏好是影响话语标记语运用的重要因素,个人偏好是某些人运用某些话语标记语的动机。本研究问卷结果显示外语学习者只能运用少量的话语标记语且只能运用少量话语标记语的个别功能。本研究结果与 Liu Binmei(2009)的研究结果相似,根据 Liu Binmei 的研究结果,调查语料中没有发现"就是说"的详述功能,只是发现该话语标记语的语篇功能。本研究结果也证实了上述研究结果,在外语学习者运用话语标记语 you know 的过程中,外语学习者也同样会倾向于 you know 的某些功能。比如,中介语学习者频繁使用话语标记语 you know 的信息共享功能、引进信息、解释、填充词、提醒功能。中介语学习者语料库中没有发现 you know 的某些功能,比如引用信息,维护面子,修正等功能。当然,影响话语标记语,比如 you know,运用的因素可能太多,比如,本研究中的受试者话题可能会影响到话语标记语 you know 的运用。

可以说,本研究的语料特征可能会影响话语标记语的使用。可能,该语料特征至少限制了外语学习者使用某个或者某些话语标记语或者这些话语标记语的某个或者某些功能。下面结合语料各个环节描述一下话语标记语的功能使用。在自我介绍环节,介绍内容可能不只一个方面,因而 you know 的引进信息,起始话题功能出现的频率应该高。其强调功能,结束话题功能在该环节应该也被常用。在个人观点陈述环节,个人需要针对某些材料陈述自己的看法,考生为了表达个人的观点,可能需要话语标记语开始、结束某些方面的话题,可能需要话语标记语引进信息,在信息陈述过程中,也可能需要强调某些信息。还有,使用 you know“在语段之间停顿”(宋秀平,2011),因而 you know 上述相关功能会被较多使用。还有,在个人观点陈述环节,由于考试要求,可能需要对观点进行解释,在这一部分,“解释”应该占据很大篇幅,因而其解释功能的频率应该较高。在监考教师与考生的问答环节,考生在作答的过程中不可避免地需要使用话语标记语起始话题,引进信息、进行解释,结束话题。另外,在这一部分,说话人使用话语标记语提醒会话人注意信息,强调某些信息,解释信息,因而,you know 的注意功能、强调功能、解释功能都可能出现。在小组讨论环节,考生同样需要话语标记语陈述自己的观点,因而话语标记语的起始话题,引进信息,解释功能会被经常使用。另外,在小组讨论中,会话会涉及对比信息,得出结论,因而对比功能,表示结果,结束话题都可能被会话人使用,同样,提醒功能,强调功能,耽搁功能也可能被运用到。从上述讨论,我们可以看出,解释功能,引进信息功能几乎出现在英语 SET 考试的所有环节,这也不难解释为什么这两项功能在整个框架所有功能中使用频率很高。还有,笔者补充一下填充词功能,无论在哪个环节(自我介绍、监考教师与考生互动、个人针对某个话题或材料陈述信息、小组讨论),该功能均可能会出现。毕竟,一方面英语非这些考生的母语,在表达流利度方面可能会有不足,另一方面,考试场合不可避免会限制学习者的语言表达,本研究的考试场合很可能会对考生语言表达过程中的选词和流利度产生影响。还有,如果考生不能找到合适的表达,也可能会在话语中间使用话语标记语停顿。可以说,在本研究语料库收集的各个环节,由于多种多样的原因,中介语学习者都可能会使用话语标记语 you know“在语段之间停顿”,因而,you know 作为填充词的功能使用频率应该很高。从这个方面,我们可以推断出,学习者没有掌握 you know 的某些功能,比如,引用信息功能和修正功能,因为这两项功能本可以出现在所有环节当中,如果学习者提供了不当信息,本可以运用其修正,为了使自己的观点更有说服力,考生可以引用信息,但本研究几乎无一例该功能,这充分说明,该功能很可能不在本研究受试者的能力范围之内;原因也可能是考生受到其母语的影响,其母语功能近似对等物不存在这样的功能。

在本研究中,有这样一种现象:有些功能的消失。比如,在自我介绍环节和随后的针对给定话题进行个人陈述环节,由于会话人的互动不足,you know 维护面子功能出现的概率较低,另外,由于这两个部分话题固定,且该语料出现的场合为考场,受试者需要针对监考教师的问题回答,因而,you know 的话题转移功能出现的频率理应较低。在监考老师提问环节,话语标记语 you know 的信息核查功能出现的几率很低,原因是在这样的环节,核查监考教师是否理解自己提供的信息是不妥当的或者不礼貌的。还有,在提问环节,参与者执行的任务也受范围限制,参与者不能随意转移话题,因而在这个环节 you know 的话题转移功能使用的频率很低;关于维护面子,考虑到该项任务发生在考试场合,凭常识,考生使用 you know 维护面子的可能性较小。可以说,就话语标记语 you know 某些功能的使用受到了较大范围或较大程度的限制。在小组讨论环节,同样,you know 的话题转移功能出现的频率较低。另外,话题本身与 you know 功能使用可能有一定的关联。刚才提到个人问题回答中,有些功能出现的频率可能受到限制。还有,社会自然问题、校园生活问题是否会对 you know 功能使用产生影响以及产生多大影响,有待进一步观察。

十、功能偏好

本研究证明:如同外语学习者倾向于运用某些话语标记语(Yang & Chen,2015),同样,外语学习者或许偏爱某一个或者某些话语标记语的某个或某些功能。比如,就 you know 人际功能而言,汉语英语学习者很可能偏爱该话语标记语的信息共享功能。就 you know 认知功能而言,解释和提醒很可能得到中国英语学习者的偏好;就 you know 语篇功能而言,中国英语学习者倾向于使用话语标记语 you know 作为填充词和引进信息。整体而言,在本研究中,you know 的信息共享功能是汉语英语学习者最频繁使用的功能。进一步来讲,或许中国英语学习者在运用话语标记语 you know 时候,受到其母语汉语的影响也很大。比如,关于人际功能,中国外语学习者偏爱 you know 信息共享功能,可能原因之一是该功能也是汉语母语者运用话语标记语“你知道”时候最爱使用的功能。具体解释如下:在本研究“你知道”的人际功能框架中,“你知道”的信息共享功能(information sharing)百万分比为 0.28;而其信息核查(information check)百万分比为 0.03。从该研究结果我们可以推断出在人际功能范畴,“你知道”的信息共享功能更受到汉语本族语者的欢迎。相比之下,信息核查功能(you know 该功能百万分比为 3.97;“你知道”该功能百万分比为 0.03)在 you know 和“你知道”各自框架中的频率都低,原因或许源于频率迁移,偏好迁移,该功能在两个话语标记语的功能框架中或许均不受到语言使用者的偏好,中国英语学习者或许没有掌握这两个话语标记语的信息核查功能。

解释功能的运用上,学习者母语的影响也明显,汉语本族语者频繁使用话语标记语“你知道”的解释功能,其解释功能频率在认知功能框架中排第一,其百万分比为 0.87,在整个功能框架中排名第三;you know 解释功能频率在认知功能框架中排第一,其百万分比为 125.71,在整个功能框架中排名第三,可以看出两者在各自功能框架中的频率分布基本一致。很可能,由于学习者母语的影响,汉语为母语的外语学得者在运用 you know 时候也更频繁地使用其解释功能;同时也说明汉语本族语者和中国英语学习者均偏好使用这两个话语标记语的“解释”功能。相比之下,耽搁功能(you know 该功能百万分比为 13.23;“你知道”该功能百万分比为 0.00)在 you know 和“你知道”各自框架中的频率都低,同样,该功能频率低的原因或者源于频率迁移,或者源于偏好迁移,或者该功能在两个话语标记语的功能框架中均不受到语言使用者的偏好,或者语言使用者没有掌握这两个话语标记语的“耽搁”功能。关于 you know 解释功能,上文已经提到,由于本语料库的话题和会话场合的缘故,受试者或者考生很可能频繁使用 you know 的解释功能。

在语篇功能的运用上,同样的情况发生了。当中国英语学习者运用话语标记语 you know 引进信息时候,可能也受其母语对应式“你知道”使用频率的影响，原因是“引进信息”功能在“你知道”所有功能中的频率排名最高。准确而言，其在 you know 功能框架中排名第二，两者频率分布大体一致。相比之下，“对比”（you know 该功能百万分比为 7.94；“你知道”该功能百万分比为 0.02），“话题转移”（you know 该功能百万分比为 5.29；“你知道”该功能百万分比为 0.04），“结束话题”（you know 该功能百万分比为 3.97；“你知道”该功能百万分比为 0.03）在 you know 和“你知道”各自框架中的频率都属于较低一档，同样，导致上述功能频率低的可能原因或为如下原因之一：频率迁移，偏好迁移，具体而言，该功能在两个话语标记语的功能框架中可能均未受到语言使用者的偏好，语言使用者或许没能掌握这些功能。同样，关于 you know 引进信息功能，上文已经提到，受到本语料库的话题和会话场合的影响，受试者或者考生很可能经常使用 you know 的引进信息功能。当然也有例外情况，在语篇功能框架中，填充词功能或许是个例外情况，比如，you know 和“你知道” 填充词功能百万分比率分别为 108.51 和 0.03。在该功能的使用上，上述提到的因素的影响几乎不存在。

还有，本研究发现中级外语学习者偏爱话语标记语 you know 的语篇功能，原因可能是受到其汉语母语功能近似对等物的影响。本研究结果显示：“你知道”的人际功能有两项，认知功能有四项，语篇功能有七项，这说明“你知道”的语篇功能是“你知道”的主要功能。就频率而言，“你知道”的功能排序如下：引进信息的功能百万分比为 1.83；引出话题功能占比为 1.30；解释功能占比为 0.87；信息共享功能占 0.28，强调功能和结果功能各占 0.09；其余的功能占比比较低。从本研究的结果可以看出，you know 的语篇功能在其功能运用中占很大比重，表现在语篇功能类型多且占比高。本研究结果与宋秀平（2011）的研究结果一致。根据宋秀平（2011）的问卷调查结果，汉语本族语者不太熟悉话语标记语“你知道”的人际功能和认知功能，相比之下，汉语本族语者对话语标记语“你知道”的语篇功能更为了解，一部分汉语母语者倾向于使用话语标记语“你知道”开启话题、执行停顿或者填充词功能。宋秀平（2011）和本研究均表明汉语母语者偏好“你知道”的篇章功能。很可能，汉语本族语者对话语标记语“你知道”语篇功能的偏爱影响了 you know 的使用。

十一、偏爱的数目和功能有限、总体偏好相似

本研究也证明无论是中国外语学习者还是英语本族语者，偏好的话语标记语的数目是有限的。根据本研究结果，话语标记语 I think、well、ok 很受中国英语学习者欢迎，中国英语学习者几乎把这些话语标记语运用到所有语境中；话语标记语 you know 也很受中国英语学习者欢迎；在部分中国英语学习者的口头英语交流中，话语标记语 you know 的出现频率也很高；34.4%的学习者会选择其他的话语标记语，学习者列举的话语标记语有：well，you see，I mean，OK，let me see 等；关于话语标记语"你知道"，仅有个别汉语本族语者偏爱使用它。Liu Binmei（2013）研究显示 like，just，you know，I mean，sort of/kind of 很受英语本族语者的欢迎，而第二语言习得者偏爱话语标记语 I think，yeah/yes 等，由此推断，第二语言习得者频繁使用的话语标记语数目有限，英语本族语者比第二语言习得者使用的话语标记语更加多样化，很可能，外语学习者也是如此。

根据 Yang 和 Chen（2015）的研究，中国外语学习者和英语本族语者在运用对比型话语标记语方面经常使用的话语标记语比较固定或者说均局限于某些话语标记语，两类学习者经常使用的对比类话语标记语有重合的，然而，英语本族语者偏爱的话语标记语数目比较大一些。本研究的结果类似。与 Yang 和 Chen（2015）的研究结果比较，Yang 和 Chen（2015）的研究对象是某一类话语标记语，相比之下，本研究涉及单个话语标记语。根据本研究结果，很可能，中国英语学习者和英语本族语者在使用 you know 的功能方面比较固定，两类学习者使用的 you know 的功能有重合的，也有不一致的。本研究显示：关于耽搁功能，英语本族语者可能偶尔也会使用它为自己寻找到合适的表达赢得时间，但是中国英语学习者可能几乎不使用该功能。中国英语学习者可能还无法使用 you know 的某些功能，譬如维护面子、修正、引用等功能，或者不恰当地运用其某些功能。中国英语学习者使用 you know 表达结果，对比等，根据以往的文献，这些功能英语本族语者或许使用的频率较少。还有，最重要的是，在语篇功能的使用上，话语标记语 you know 和"你

知道”的功能框架几乎基本一致。这说明在使用话语标记语 you know 的过程中，中国英语学习者很可能受其母语的影响很大。根据问卷调查结果，问卷参与者表明他们仅仅熟悉某个或者某些话语标记语，只能使用他们熟悉的话语标记语的某个或者某些功能。

根据本研究结果，中国英语学习者在运用话语标记语 you know 和“你知道”重叠功能时候，频率不同。比如，就话语标记语 you know 和“你知道”的语篇功能而言，两者的功能选择都集中在如下几项：对比、引出话题、结束话题、话题转移、表示结果、作为填充词、引进信息，但是每项重叠功能在各自框架中的运用频率排名不同。人际功能也同样。还有，本研究结果显示：中国外语学习者经常运用的 you know 的功能数目受到限制。这一点与 Yang & Chen(2015)研究也类似。在 Yang & Chen(2015)的研究中，语料库中频率较高的话语标记语的统计显示：英语本族语者比中国外语学习者运用的话语标记语在数量上较多，没有发现中国英语学习者运用 nonetheless 和 even so，相比之下，英语本族语者运用它们，尽管英语本族语者并不经常使用。同样，在本研究中，中国英语学习者当选择话语标记语 you know 功能的时候，对功能的选择也相对有限，比如，英语本族语者使用 you know 执行修正功能、引用功能和维护面子功能。比如：

A. How long have you taken a nap at noon?（今天中午午睡多久?）

B. Three hours, you know, two hours and twenty minutes.（三个小时，你知道，两个小时二十分钟）。

在该会话中，B 最初回答午睡了三个小时，后来使用 you know(你知道)修正了不准确的信息，并给出准确的信息“两个小时二十分钟”。

再比如，He asked me, you know, could you help me take care of my pet dog when I am out?（他询问我，你知道，我外出期间您是否愿意照看我的宠物狗?）在该语段中，话语标记语 you know 被用作引用信息。

还有，关于维护面子功能，我们看如下的会话：Peter 追求 Joy 很久了，五一节到了，天气又比较好，Peter 很想有机会邀请 Joy 一起出行，

Peter: Joy, Happy Labor Day. Do you have any plans? Can we go for an outing if you are available? You know, the weather is nice.（Peter：乔伊，五一劳

动节快乐。安排有什么活动吗？你有空的话我们去远足吧？你知道，天气好。）

即使英语本族语者运用话语标记语 you know 修正话语或者引用信息或者维护面子的频率较低，外语学习者完全忽视这些功能还是不合理的。可能存在如下两个原因。一个可能原因是这些功能并非中国外语学习者偏爱的功能，另一个很可能的原因与汉语母语功能近似对等物“你知道”有关。本研究显示汉语母语者没有使用话语标记语“你知道”执行修正、引用、维护面子功能。巧合的是，中国外语学习者语料库中没有发现母语为汉语的外语学习者利用 you know 执行修正、引用、维护面子功能。可能，外语学习者母语中的功能近似对等物（话语标记语“你知道”）缺少这些功能，抑或，汉语本族语者很少使用“你知道”执行修正、引用信息、维护面子等功能。还有一个可能的原因是外语学习者没有掌握这些功能。

就总体偏好而言，本研究出现了与 Yang 和 Chen（2015）的研究类似的现象。根据 Yang 和 Chen（2015）的观点，中国外语学习者与英语本族语者在运用对比类话语标记语的时候，运用的话语标记语总体偏好相似或者说两类学习者都经常使用几个话语标记语（对比类话语标记语的选择大体上基于几个选择，只是每个话语标记语的频率不同）。本研究中母语为汉语的英语学习者在运用话语标记语 you know 功能的时候，与汉语本族语者运用话语标记语“你知道”时候也展示出大体相似的功能偏好倾向。对话语标记语 you know 和“你知道”的选择均集中于几项功能，只是每项功能的使用频率不同。比如，在话语标记语 you know 和“你知道”的语篇功能的运用上，两者的功能选择都集中在如下几项：对比、引出话题、结束话题、话题转移、表示结果、作为填充词、引进信息，但是每项功能的运用频率不同。人际功能也是同样。两者的人际功能选择集中于如下功能：信息共享和信息核查功能。然而，每项功能在各自框架中的频率分布有差异。认知功能的运用也相似。四项功能中三项功能在各自框架中均被使用，差异仅仅体现在频率上，这三项功能如下：提醒、解释、强调。

十二、话语标记语的个人特点

目前的研究证实个人偏好也是影响话语标记语习得的一个重要因素。很多研究者认可了这一点,比如,Olshtain(1983)认为个人语言感知(perceptions)或许影响语用迁移;根据 Beebe & Giles(1984,引自 Istvâan & Tèunde,2000)的观点,在选取运用语篇行为方面,我们不可忽视主观因素的作用,这些主观因素包括主观情感,价值观和动机。关于英语本族语者对 you know 的使用情况,根据访谈结果,两位第二语言习得者声称:使用话语标记语 you know 是几乎所有英语本族语者的偏好或者说 you know 是英语本族语者最受欢迎的话语标记语之一。研究结果显示:中国英语学习者非常频繁使用话语标记语 I think、well、ok,而且几乎把这些话语标记语运用到所有的语境中。还有,根据问卷调查,部分中国英语学习者在口头英语交流中运用话语标记语 you know 的频率也很高或者说它很受部分中国英语学习者欢迎。这说明中国英语学习者和英语本族语者对 you know 使用的偏好不同。另外,大多数问卷参与者表明:个人偏好在很大程度上影响话语标记语的运用中,个人偏好可以说鼓励学习者使用某些话语标记语。从另外一个侧面来讲,由于个人偏好可能会导致语用正迁移和负迁移,可以说,在某种意义上,有些中介语学习者的个人偏好习惯可能会促进或者阻碍其使用目的语话语标记语。本研究也支持了 Liu Binmei(2013)的研究成果。根据 Liu Binmei (2013)的研究结果,参与研究的受试者对话语标记语的偏爱不同。本研究比之前的研究更进一步,外语学习者不仅偏爱运用某个或者某些话语标记语,而且可能会偏爱某个或者某些话语标记语的某个或者某些功能。比如,英语本族语者会偏好 you know 的信息共享、信息核查、提醒功能。中国英语学习者偏好 you know 的信息共享、引进信息、解释功能。

上述讨论表明:以汉语为母语的学习者还远远没有习得话语标记语 you know 的功能。中介语学习者也认识到了这个问题。问卷参与者声称:他们仅仅对某个或者某几个话语标记语熟悉,只能使用熟悉的话语标记语的某个或者某些功能;就 you know 而言,其大部分功能均在大部分问卷参与者的能力之外。由问卷结果推断,一些英语学习者的个体语言偏好也不利于习得话语标记语 you know 的功能,从而失去了很多学习或使用话语标记语 you know 功能的机会,这样恶性循环就产生了。因此,对部分中国英语学习者而言,其所处的学得环境并不利于 you know 功能的学得或使用,因此,很好地使用 you know 的功能变成一项非常艰巨的任务。本研究也在某种程度了证实了 Yang & Chen(2015)的研究结果:偏好是影响中介语学习者和目的语本族语者使用话语标记语的因素之一。有些语言使用者偏爱使用话语标记语,问卷调查显示:有些语言使用者认为话语标记语非常重要。还列举了话语标记语的一些功能,比如,话语标记语可以帮助学习者执行强调的功能,协助说话人表达自己的观点和情感,说话人可以运用话语标记语为自己赢得时间以保持话轮,话语标记语执行解释功能等等,有些语言使用者喜欢使用某个话语标记语,比如,问卷显示:有些外语学习者喜欢使用 I think、well、you know、ok;喜欢在某个语境更经常使用某个或某类话语标记语,而且,本研究比 Yang 和 Chen(2015)还更进一步,不但证实了如上结果,本研究还表明:在单个话语标记语的功能运用上也有鲜明的特色,比如,话语标记语 you know 和"你知道"的引进信息功能和解释功能为使用者所喜爱。可以说,或许语言使用者偏爱这些功能,或许也可以解释为外语学习者母语功能近似对等物的频率迁移。根据 Lowie(1998)的观点,不同语言的功能近似对等物具备共同的功能,在外语或者第二语言学得过程中,学习者母语或者第一语言中的功能近似对等物可能会通过激活反馈被激活,而且,不同语言间功能近似对等物"共享的概念表征越多,语际共同激活越强"(Lowie,1998,98)。由据 Lowie(1998)的观点我们可以推断,以中国外语学习者对话语标记语"你知道"和 you know 的使用为例,you know 的某些功能类型和功能频率受到"你知道"的影响更显著,或许,"你知道"的这些功能特征由于某种原因被激活的可能性更大,更容易影响中介语学习者对 you know 相对应功能的学得,这种影响既有积极的也有消极的,结果就产生了语用正、负迁移。更进一步讲,研究结果表明:如果是由于学习者个人因素引起的迁移,大多为语用负迁移;如果是核心功能或者功能高频率引起的迁移,则大多为语用正迁移。

本研究中，中国外语学习者在运用话语标记语 you know 方面适当性不足。you know 和"你知道"的功能虽然相似，但是还是有差异。研究结果表明：中国外语学习者很难判断这些差异，这样就削弱了话语标记语 you know 的语用表达力。在本研究中，中国外语学习者和英语本族语者在运用话语标记语 you know 方面存在差异，就频率而言，存在巨大差异，而且中国外语学习者还过度运用话语标记语 you know 的某些功能，比如，解释、引进信息、填充词功能等，相比之下，运用话语标记语 you know 的提醒功能、核查功能的频率低。然而，提醒功能、核查功能均可被视为 you know 的基本功能（Fox Tree & Shrock，2002），很可能，中国外语学习者在语境中选用适当的话语标记语很困难。当然话语标记语 you know 的语用力在某些语境中也无法得以适当表达。

本研究证明：中介语学习者的母语在很大程度上影响中国外语学习者对某一个话语标记语功能的偏爱。在本研究中，中国外语学习者偏爱话语标记语 you know 的不同功能，比如，信息共享功能、引进信息功能、解释功能、填充词功能。这些功能类别多样化，涉及人际功能、认知功能、语篇功能。这些功能本身没有共性特征。如果有共性特征的话，那么这些被中国外语学习者偏爱的功能均受其母语的影响比较大，频率迁移比较显著，原因是汉语本族语者倾向于使用 you know 在汉语中的功能近似对等物"你知道"的如下三种功能"信息共享功能""引进信息功能""解释功能"。从上面的论述可以推断，母语功能近似对等物的高频率迁移比较突出。中国外语学习者和英语本族语者对一个话语标记语每项功能的偏爱不同，如同 Yang 和 Chen（2015）的研究中提到，对于话语标记语 but，中国外语学习者和英语本族语者偏爱的功能不同。本研究进一步证实中国英语学习者和英语本族语者在运用话语标记语 you know 方面各有特点，偏爱使用一个话语标记语（比如 you know）的不同功能。

十三、母语近似对等物对各个功能的不同影响

本研究证实母语功能近似对等物对话语标记语各个功能运用的影响不

同。比如,在人际功能、认知功能、语篇功能方面,根据研究结果,中国外语学习者认为话语标记语 you know 和“你知道”的功能框架大体一致。然而,对于具体功能,既有母语功能近似对等物产生的正迁移也有负迁移,正迁移和负迁移与母语功能近似对等物的功能频率关系不大。正如上面已经解释的,you know 的解释功能和引出话题功能属于高频率促成的正迁移。you know 的“信息共享”功能属于母语功能近似对等物低频率功能促成的语用正迁移。you know 的引进信息功能为母语功能近似对等物高频率功能促成的语用负迁移。也有中国英语学习者把话语标记语 you know 和“你知道”的功能视为对等,如同 Liu Binmei(2013)研究中的受试者 Juan and Qiu,虽然语料中 yeah/yes 出现的频率比“对”的频率高,但是很明显 Juan and Qiu 有时候混淆话语标记语 yeah/yes 和汉语对应式“对”的功能或者说把两者功能等同起来。同时,本研究比前人的研究更进一步,得出结论:外语学习者的母语对应式对所有功能的影响不同,在有些功能运用方面,外语学习者的母语近似功能对等物产生积极的影响;相比之下,母语对应式对某些功能的影响为消极的。

一个可能的原因是受到某些因素的影响。本研究的口语语料库背景涉及很多因素,这其中包含非语言因素。下面笔者谈谈影响本研究的非语言因素。本语料是在考试情景下获得的,语料源于正式语境。根据阴瑛(2008)的观点,话语标记语的运用和语篇语体的正式程度有关。根据阴瑛的观点,本研究语篇特征很可能影响了话语标记语数量的运用,或者影响了某一类话语标记语的使用,同时很可能也影响了某一个话语标记语诸如 you know 功能的使用,很可能,you know 在本研究中的功能使用情况与语篇特征有关。有些功能可能更多出现在某些特征的语篇中,比如,信息共享、解释功能、引进信息功能等,而有些功能,比如,核查理解功能,结束话题等可能多与其他特征的语篇有关。比如,在考试场合,考生核查监考老师对自己提供信息理解的可能性很小。这或许也解释了如下现象:Fox Tree & Shrock(2002)提出核查功能为 you know 的基本功能。但是,核查功能在本研究中频率极低。语篇特征很可能影响了该功能的使用频率。

另外,根据 Erman(2001)的研究结果,如文献表明:年龄或许是影响话语标记语的功能运用,不同年龄段的人偏好话语标记语的不同功能;就话语标记语 you know 而言,青年和成年人在运用时候很可能表现出相异的特征。鉴于本研究的参与者均为青年学生,因而本研究的中介语口语语料体现了青年人话语标记语的特点。话语标记语 you know 的某个或者某些功能的使用或许也体现了青年人的运用特征。在本研究中,青年学生喜欢如下一些功能:you know 的信息共享功能,引进信息功能,解释功能,填充词功能,提醒功能。当然,这些功能或许为中国英语学习者偏爱。或许有些功能频率可能运用不当。还有,关于人际距离,阴瑛(2008)认为会话双方的人际距离影响话语标记语类别的使用。本研究的会话在考场中进行,会话参与人关系陌生,均不熟悉阴瑛(2008)提到的彼此会话方的认知环境、背景信息、语言喜好、性格,等等,很可能,依据阴瑛(2008)的观点,在语言使用中不知不觉地偏爱某一类话语标记语或者偏爱某一个话语标记语的某个或者某些功能。本研究表明陌生关系的人际关系中,you know 的信息共享功能,引进信息功能,解释功能,填充词功能,提醒功能出现频率或许高;而对于核查功能,或许陌生的人际关系同样不利于该功能的使用。另外,根据郑群(2014)的描述,有学者谈到社会阶层也是影响话语标记语的使用因素。就社会阶层而已,本研究结果或许体现了青年学生对话语标记语 you know 的运用特征。

考虑到(阴瑛,2008;郑群,2014 等)谈到的上述影响本语料库话语标记语运用的非语言因素,我们可以得出结论:中介语学习者对目的语话语标记语功能的习得受到诸多因素的影响。我们可以假定,就上述谈到的非语言因素而言,如果语料来源于其他的场景,其他年龄段的受试者,其他形式的人际距离、其他社会阶层,基于阴瑛(2008),郑群(2014)的观点,很可能,学习者母语对目的语话语标记语的功能运用产生不同的影响,对某一个话语标记语具体功能的影响也会有差异。本研究仅考察了 18 ~23 岁的青年人在正式的语篇环境中对话语标记语的运用情况。未来研究可以考察成年人在非正式语篇中,未成年人在正式或者自然口语中对话语标记语的运用情况。未来可以考察比较熟悉的,熟悉的,比较密切的,非常密切的等各个程度的人际距离的学习者对话语标记语类别和某一个话语标记语各项功能的使用情况。未来还可以考察其他社会阶层的英语使用者对某一类或者某一个话语标记语的使用情况。通过比较这些话语标记语相关研究，梳理出相应的话语标记语运用模式，推动话语标记语的纵深研究。总之，本研究证明了语篇的正式性、年龄段、人际距离、社会阶层可能影响话语标记语使用数量、类别或者也可能影响某一个话语标记语某个或者某些功能的使用。也证实了阴瑛(2008)、郑群(2014)等学者的观点。

十四、话语标记语习得的多个影响因素

本研究证实，在话语标记语习得过程中，如下因素起不可忽视的作用：功能近似对等物，语境意识，正规教育。

根据上面的描述，功能近似对等物在促进话语标记语学得方面的重要性值得密切关注。为了透彻了解母语功能近似对等物在促进目的语话语标记语方面的具体作用，我们把 Lowie(1998)的语际共同激活模式作用于话语标记语学得过程。具体作用过程如下：当外语学习者遇到话语标记语 you know 时候，建立一个话语标记语 you know 的词注节点是必需的，相应地，也要建立与话语标记语 you know 的词注节点相关的句法信息和语用信息，如何建立与话语标记语 you know 的词注节点相关的句法信息和语用信息呢？一个方法是我们可以依据上下文推断出话语标记语 you know 词注节点的句法信息和语用信息，另一个方法是我们借鉴学习者母语中已经存在的相关词注，比如，话语标记语 you know 在汉语中的功能近似对等物“你知道”的词注；鉴于“你知道”词注和 you know 词注的功能特征有重叠，我们可以借鉴“你知道”现存的词注节点建立 you know 的词注节点；考虑到每门语言有自己的规格，you know 的特征对应一套自己的词注节点；在外语学得的初始阶段，学习者可能形成一种潜意识的错误假设，根据这个假设，话语标记语“你知道”的词注和 you know 词注的功能特征是完全一致；随着学习者语言水平的提高，外语学习者发现了“你知道”和 you know 词注的差异，事实上，只有当外语学习者接触了一定量的目的语自然输入之后，才会发现这些差异；在外语学得过程中，“你知道”和 you know 并非完全一致的成分，它们的功能特

征有些是相同的有些是相异的,学习者需要对"你知道"现存的功能特征进行部分重构,摒弃一些功能特征的匹配,增加与一些功能特征的匹配;结果,话语标记语 you know 在外语学得中的词注节点就形成了。

可以说,如许多学者(诸如 Beebe & Giles,1984,引自 Istvâan & Tèunde,2000)所建议的那样,语用成分有主观色彩。鉴于话语标记语属于语用成分,依据该观点,话语标记语也涉及主观色彩。根据王初明(2003)的观点,语言结构的具体意义取决于具体语境。众所周知,语境是很复杂的,语境的成分繁多复杂,具体描述如下:根据新编简明语言学教程(戴炜栋等,2013),语境可被分为两种类型,分别称为场景语境和语言语境;场景语境涉及时空情景,具体包含如下元素:话语发生的场合、会话的参与者,会话中发生的事情,会话场景中的人和物等。其中新编简明语言学教程(戴炜栋等,2013)提到的场合是个模糊的概念,场合还可以进一步划分子场合,这些子场合的区分是否涉及度的差异;如果涉及度的差异,那么子场合的区分就有了难度;这些子场合划分标准是否还涉及指标化和量化,如果这些划分标准很难指标化和量化,那么区分子场合的难度增加,以上论述表明与场合相关的变量很多。

新编简明语言学教程(戴炜栋等,2013)提到的会话参与者也涉及多个方面或者涉及多个变量,会话参与人可以依据多个标准进一步划分,有的标准很容易指标化,比如,年龄标准就是一个这样的例子。社会地位、性别与年龄标准一样,具有相同的特征。就会话人的关系而言,关系不是一个可以量化的指标,但关系可以指标化,比如,上面已经提到关系可以被进一步划分为多种类型,区分这多种类型可能涉及程度的差异,毫无疑问,程度的区分是困难的。这也从一个侧面反映了话语标记语功能学得的难度和复杂度。由阴瑛(2008)的观点延伸开来,仅有亲密和陌生还不能涵盖所有层面的人际距离。人际距离就如一个连续体,如果亲密和陌生处在连续体的两端,那么这两端之间还有很多层面,而且相关变量都很难指标化,更难量化,因而话语标记语的学得涉及的成分很复杂。新编简明语言学教程(戴炜栋等,2013)提到会话中的事情涉及的方面更多,包括会话双方交谈的内容、交谈的语篇或者场合等。就交谈内容而言,交谈的内容或许会影响某类语言形式的使用，比如，谈论私人问题和谈论学术问题对某类语言形式使用有不同的要求，当然在不同类别的谈话中，使用的话语标记语类别可能不同，使用的单个话语标记语的功能可能也不同，甚至可能使用的话语标记语的频率也不同。关于语体对单个话语标记语功能的影响，目前相关研究极少（如 Simon-Vandenbergen，2000）。就交谈的场合而言，场合的差异可能也影响一个话语标记语不同功能的使用，比如，考试场合和茶馆聊天。不同的场合对话语标记语的使用可能都有不同的限制，而且，限制的原因可能不同。比如，上面已经提到，考试场合 you know 的某些功能使用的频率很高，而某些功能可能不被使用。这种特定场合的话语标记语的使用也可能呈现出某种特定特征，这说明语料与话语标记语使用可能存在一定关联。通过本研究，场合不仅仅如阴瑛（2008）所言，影响话语标记语使用的数量和类别，而且场合还影响某一个话语标记语的具体功能的使用频率。还有，交谈者的年龄也影响话语标记语的功能使用，郑群（2014）认为：人际功能受到青少年的欢迎。从本研究结果来看，you know 的信息共享功能、解释功能、引进信息功能、填充词功能、提醒功能在中介语语料库中的频率较高。鉴于本研究的受试者为青年中介语学习者，这里面包含人际功能、认知功能、语篇功能。这说明母语为汉语的青年中介语学习者偏爱话语标记语 you know 的某些功能。母语为汉语的青年中介语学习者对 you know 功能的偏爱比较广泛。这也说明英语本族语者与中国英语学习者对话语标记语的使用应该有差异。根据本研究结果，我们可以推断，多种因素影响一个话语标记语不同功能的使用。比如，本研究的语料特征在某种程度上限制了话语标记语 you know 某些功能（比如上面已经提到的“解释”功能）的使用，很可能，如果是其他类型的语料，you know 的功能使用可能会表现出其他的特征（比如，其“解释”功能的运用频率偏低）。

新编简明语言学教程（戴炜栋等，2013）还谈到了语言语境，它包含如下两个方面的信息，一方面和语境中的语言搭配有关，包括另一方面与语境中的话语有关。综上所述，语境包含的元素是多样化的，动态的，无法估算的。上面谈到王初明（2003）已经谈到了语言形式与语境的重要关系。樊庆辉（2011）的研究已经证明：在话语标记语的习得过程中，语境意识的培养是一个重要因素,交际者若要克服偏误情况发生,就必须考虑交际语境,在语言表达时候运用适当准确的话语标记语;具体真实的交际语境是交际参与者选择特定的会话内容和语言表达的影响因素。因此,在外语学得环境之下,如何创设真实自然的交际语境也是众多学习者关注的问题,也是话语标记语教学的难题之一。

考虑到话语标记语的口语性特征(Ostman,1982),它们经常出现在交际语境中,是新编简明语言学教程(戴炜栋等,2013)谈到的语言语境(linguistic context)的一个重要元素。从王初明(2003)、He & Xu(2003,引自 Liu Binmei,2009)以及 Liu Binmei(2009)的观点,我们可以推断出话语标记语与语境的紧密联系。话语标记语是这样一类特殊词,大多具有多项功能。就单个话语标记语而言,如其他类型的语言形式一样,话语标记语的每项功能同样对应相应的语境,可以说,只有借助相对应的适当语境才能学得话语标记语的各项功能或者欲掌握话语标记语的功能学习者必须要在某种程度上经历相对应的适当语境,否则很难正确运用其功能。这与王初明(2003)的观点一致,学习者使用目的语适当流利地表达自己的一个前提是要把语言形式与语境知识相互结合起来。如 Pearson (1990)所建议的,课堂教学只是描述了话语标语的功能。考虑到本研究谈到的语境与话语标记语功能的关联,脱离语境地讲解话语标记语的功能很难让学习者掌握话语标记语的功能。学习者了解话语标记语的功能并不意味着能适当使用其功能。课堂讲解或许让我们更有效获悉 you know 的功能,根据定义(汪静波,2011),you know 的功能知识属于陈述性知识。欲把 you know 的陈述性知识转换成程序性知识,汪静波(2011)提出需要操练。笔者认为,仅仅提到操练还是不足够的,只有经过反复或者无数次的操练,陈述性知识与程序性知识的自动链接才有可能生成,陈述性知识才有可能作为学习者永久知识的一部分。宋秀平(2008)曾经提到过,深层次的操练可以连接当前输入与长时记忆中的输入,促进学习目标的学得。因而,在适当的语境中了解了话语标记语的功能与自如使用话语标记语在很大程度上是不同的。樊庆辉(2011)的研究已经很好地证明了这一点。

如问卷调查所表示的那样,在话语标记语的习得方面,学习者没有接受正规教育。外语学习者大部分是通过影视资源、杂志等等学习话语标记语的功能。上述谈到的话语标记话语的多功能性和复杂性使话语标记语的学得可能有相当难度。话语标记语的复杂性一方面的表现是多个话语标记语可以表达同一项功能,很可能,多个话语标记语在表达同一项功能方面存在细微差异,从而增加了学得难度,比如,well、you know 等可以表达同一功能。另一方面,话语标记语习得的复杂性还表现在一个话语标记语可以执行多项功能,比如,话语标记语 you know 可以执行解释、注意等多项功能,话语标记语的多功能性也增加了话语标记语功能的复杂性。考虑到话语标记语使用过程中存在的这两个特征,因此,要想掌握话语标记语的功能比较困难。

另外,众所周知,外语语境下,在大多数情形下,对于大多数学习者而言,学得一门外语的主要渠道是课堂教学。课堂与外语学得一直是语言教学领域关注的问题,如何探索有效的外语教学模式也得到相关领域学者们普遍重视和广泛的研究。Istvâan & Tèunde(2000)提议到:在某种意义上,创造一种真实的第二语言习得环境并让第二语言习得者真正经历这种习得环境几乎是无法实现的。另外,话语标记语的学得难度更大,根据问卷调查,在语言交流中,语言学习者可以用别的方式代替话语标记语或者代替某个话语标记语表达自己的意义,问卷调查还谈到了学习者的回避策略。研究结果显示:当学习者不能运用话语标记语时候,会采取各种各样的替代方式,比如母语话语标记语、停顿策略、不使用话语标记语、实词、肢体语言、诸如 en、you see、I mean、ok、let me see 等的英语话语标记语等等。这些替代策略可以被描述为权宜之计。总体上,较大比例的问卷参与者(34.4%的问卷参与者)偏好能力范围之内的替代策略。而且,即便是学习者掌握了一些话语标记语的功能,或者说学习者具备使用话语标记语的能力,在话语标记语的具体选择上,学习者本人有很大的自主权(Istvâan & Tèunde,2000)。就 you know 而言,两位留学生的访谈结果显示:对几乎所有的英语本族语者的使用而言,you know 是他们最受欢迎的话语标记语之一。然而,考虑到上面谈到的话语标记语的自主选择权,语言使用者可以自主决定是否使用。然而,自主选择权属于不可控因素。这些不可控的因素结合在一起,习得话语标记语的任务很艰巨。考虑到这些情况,语用迁移影响话语标记语习得就毫不奇怪,也是很自然的事了。

本研究证明:或许由于缺少正规教育,外语学习者对话语标记语功能掌握得很差。考虑到话语标记语 you know 本身固有的特性,众所周知,话语标记语本身没有概念意义(张聪燕,2008),因而,话语标记语 you know 本身的突显度很低,纵然外语学习者接触到了相关输入,从这些输入中他们可能也会习得话语标记语的功能,但是,考虑到影响有效输入的诸多元素,因此无法确定这些输入是否有效(地)促进外语学习者较好习得话语标记语的功能。原因如下:话语标记语本身突显度较低,根据 Schmidt(引自宋秀平,2008)的观点,很难引起学习者注意。注意是习得的前提(宋秀平,2011),因而,习得其功能是很困难。遗憾的是,在中国这样的外语学得环境中,由于缺乏正规教学,话语标记语学得难度很大。外语学习者对话语标记语的学得至少是不系统的。虽然有学者表明目前没有研究证明清晰指导对话语标记语教学的效果(Borderia-Garcia,2006)。在语言习得领域,某些学者提出,对外语学得者而言,语用学是最不易学得的学科(Blum-Kulka & Sheffer,1993,引自 Borderia-Garcia,2006)。有研究(Billmyer,1990;Bouton 1994;Lyster,1994;Yoshimi,2000;House,1996;Rose & Ng,2001;Takahashi,2001;Tateyama,2001;Tateyama et al,1997;Yoshimi,2001,引自 Borderia-Garcia,2006)表明清晰指导推进了语用学教学,然而,其效果是“有限的”(Borderia-Garcia,2006,5)。

关于话语标记语的课堂教学,学者们的观点不一,有人认为话语标记语课堂教育意义不大,比如,根据 Müller(2005)的研究,课堂教学对话语标记语的功能习得作用不大。很多学者观点与 Müller 的观点一致。Richards & Schmidt (1983)提出真实情景是话语标记语功能习得的充要条件,真实情景的参与者涉及第二语言习得者与目的语本族语者。有学者认为应该重视话语标记语的课堂教学,比如,Aijmer(2011)、Hellermann & Vergu(2007)、Moreno(2001)提出在课堂教学和教材编纂中与语用功能相比,通常会发现话语标记语或者小词“small words”的语义意义。今后应该更多讲解其语用功能(Liu Binmei,2013)。

笔者认为考虑到话语标记语的多功能性和影响因素的复杂性,在外语学得环境之下,教学指导是必要的,原因是在外语学得环境下,正如闫晓宇(2016)所言,外语学习者接触到目的语输入的机会少;接触到适合话语标记语学得的适当输入的机会更少,因而,可能只有借助外力才有可能让学习者使用适量的相关输入学得目标语言项目。自然习得一个语言项目对语言输入的量、质、学习目标的频率等都有一定的要求。关于输入的量,欲学得一个语言项目,学习者可能需要接触一定量的相关输入。原因是在偶然习得的过程中,接触一定量的相关输入,学习者才更有可能注意到学习目标,进而,学习者才更有可能注意到一定频率的学习目标。另外,一定频率的学习目标可能使学习者对学习目标有更多的操练。操练一方面促使学习者更有可能注意到学习目标,同时也"限制了注意的度(层次)"(宋秀平,2011,6)。某种形式的操练可能会较好促进学习目标的学得。关于输入的质,对于中介语学习者而言,质量好的输入除了属于目的语输入外,或许应为符合中介语学习者目前需要的,在这样的输入中,有学习目标正好符合中介语学习者现阶段提高目的语语言能力的需要,且借鉴宋秀平(2008)的观点,输入中的其他语言项目不妨碍学习者学得学习目标,或者这些语言项目为学习目标营造了一个好的环境,有利于学习者理解学习目标,从而促进学习目标的学得。

笔者认为,考虑到上述谈到的话语标记语口语属性,尤其在外语学得环境之下,考虑到真实情景在话语标记语学得中的重要性(Richards & Schmidt,1983),我们应该把课堂教学与真实自然的习得环境结合起来,具体而言,借助 Richards & Schmidt (1983)的观点,在课堂教学中设法创设真正的会话情景。如何创设真正的会话情景呢?下面的几个片段或许会给我们启发。比如,课堂上可以播放一些精心挑选的英文片段。这些片段包含学习目标(某个话语标记语),比如,下面几个片段与话语标记语 well 有关。

片段一《傲慢与偏见》

I never wish to be parted from you from this day on.(今后再也不想与你分离。)

Well, then.(哦,那么。)

Your hands are cold.（你的手冷。）

Shut the door,please.（请把门关上。）

在这个片段中，根据语境，well 显然不是副词“好地”之意，在这里执行起始话题功能。

片段二《生活大爆炸》

Oh,I am glad you like it. Raj picked it out. Well,when you see him,tell him say thank you.（哦，我高兴你喜欢它。Raj 挑选了它。Well，你遇到他的时候，谢谢他。）

同样，在上述这个片段中，我们也不能把 well 解释为副词“好地、令人满意地、彻底地、全部地、很、相当”。显然，well 在该片段中为话语标记语，执行起始功能。

片段三 《呼啸山庄》

Where is Heathcliff?（希斯克里夫在哪里？）

Heathcliff,（希斯克里夫）

You may come forward.（你到前面来。）

Wish Miss Catherine welcome like the rest of the servants.［和其他（她）佣人一起欢迎凯瑟琳小姐。］

Well,Heathcliff, have you forgotten me?（噢，希斯克里夫，你忘记我了吗？）

该片段如同上述两个片段，作为话语标记语，well 在该片段中同样不执行副词的功能。上述片段中的会话为英语本族语者之间的真实会话，形象而生动，指导者可以参照具体语境，在上述语境中适时适当讲授 well 的语用功能，学习者会结合上下文对话语标记语 well 功能有一个很好地理解和掌握。笔者赞同 He & Xu（2003，引自 Liu Binmei，2009）的观点，真实的目的语听说材料对话语标记语的习得是至关重要的。这些原声对话真实而自然，通过教师的分析，学习者会更可能透彻理解话语标记语的语用功能。因而，笔者认为课堂教学在话语标记语习得中的重要性不言而喻。

十五、过度概化

研究结果表明:学习者已经过度概化了话语标记语的功能。问卷显示:当学习者不会运用话语标记语 you know 时候,他们会诉诸各种各样的替代策略。在他们选择的多种多样的策略中,比例最大的是 34.4% 的问卷参与者选择他们能力范围之内的替代策略。有可能选择的可替换的策略如下:21.9% 的问卷参与者会求助母语或第一语言话语标记语的功能;6.1% 的问卷参与者会选择英语话语标记语 en 替代 you know;3.1% 的问卷调查对象会选择停顿策略;34.4% 的问卷参与者会选择其他的话语标记语,被列举的替代话语标记语 you know 的话语标记语如下:well、you see、I mean、ok、let me see 等;21.9% 的学习者会借助母语表达自己的意思。研究结果还显示:母语为汉语的英语学习者频繁使用话语标记语 I think、well、ok;中国英语学习者几乎把这些话语标记语运用到所有的语境中;话语标记语 you know 也是部分中国外语学习者频繁使用的话语标记语之一,很受部分中国学习者的欢迎,在部分中国英语学习者的口头英语交流中出现的频率也很高。上述这些权宜之计或者替换策略很容易造成某个或者某些话语标记语的过度运用现象。事实上,在很多情况下,中国外语学习者在会话交流中运用的替代话语标记语在当时的语境下很可能是不合适的。在很大程度上,这种过度概化可被视为外语学习者的权宜之计。原因如下:考虑到上述的讨论,在适当的语境中运用话语标记语 you know 具有很大的挑战性。研究结果显示外语学得者在交流中能运用的话语标记语比较有限。这可能和学习者目的语的词汇和句法能力可能有一定关系,问卷显示:有几个问卷参与者表明他们不能使用 you know 的原因之一是他们的语言水平比较低。关于语言水平与话语标记语的关系,学者们的观点不一致,Takahashi（1992,引自 Kasper,1992）以传统间接策略为研究对象,旨在研究语言水平高低与迁移的关系,研究结果没有发现水平高低与迁移呈现“可识别的”（discernible）差异。Takahashi and Beebe（1987,引自 Kasper,1992,219）“提出假设第二语言水平与语用迁移成正相关”。如问卷调查和语料库分析表明:母语为汉语的英语学习者对话语标记语 you know 的功能掌握得很有限。这可能也是他们为什么在会话中运用话语标记语 you know 时候,过度概化会发生的可能原因之一。根据 Larsen-Freeman(1999)的观点,导致过度概化发生的另一个变量可能是学习者的认知宽度。Larsen-Freeman(1999)认为,如果语言使用者具有较为宽泛的认知宽度,他们很可能把某个语言项目运用到不该运用的地方,扩大某个语言项目的适用范围,或者说这些语言使用者“可能更易犯更多的过度概化的错误”(Larsen Freeman 1999,195)。根据 Larsen-Freeman(1999)的研究我们可以推断出对于那些喜欢把话语标记语 I think,well,ok 等运用于几乎所有语境的学习者,其在话语标记语使用方面,认知宽度可能较为宽泛,相反,那些几乎不尝试运用话语标记语的外语学习者在使用话语标记语方面可能具有较窄的认知宽度。还有,本研究的语料分析也说明了外语学习者在多大程度上能运用如下话语标记语 I think,well,ok,you see 等等,以及话语标记语的一些功能。研究结果表明,外语学习者对话语标记语的功能掌握得很差。

正如儿童习得母语一样,儿童可以使用有限的范畴和基本的句法结构表达多个类型的语义关系(引自 Kasper & Blum-Klka,1993),本研究中,外语学习者使用话语标记语的过程中,外语学习者可能会和目标本族语者一样接触到了同样数目的话语标记语,然而,外语学习者仅仅能运用有限的话语标记语和这些有限的话语标记语的有限功能。或许,这种现象最终导致了过度概化。进一步而言,根据 Aktuna & Sibel (1997)的报告,当学习者具备了一定的语法能力,并不意味着学习者有相匹配的语用能力,或许“语用力的发展滞后语法能力”(Aktuna & Sibel,1997,13),总之,Aktuna & Sibel (1997)的研究显示语法能力和语用能力发展并不平行。尤其外语习得语境在很多方面与目的语语境有差异,因而,外语学习者很难掌握某些特点的语用行为的语用力。而且,由于多种多样的原因,掌握某些特点的言语行为的语用力本身可能是困难的。虽然在外语学得环境之下,外语学得者可能有机会偶然掌握某个或某些话语标记语的某个或某些功能,但是由于缺乏系统的学习(到目前为止根据笔者的调查,话语标记语还并非外语环境之下语言教学的一部分),外语学习者或许很难完全掌握其功能。结果过度概化现象产生了。目前研究预测:在习得话语标记语的过程中,过度概化现象作为一个突出现象,很可能只存在于某一层次语言能力的学习者中,且当他(她)们使用某些话语标记语的时候。根据本研究的结果,当中级水平的中国英语学习不会使用 you know 的时候,他(她)们会使用多种多样的权宜策略。本研究表明:对于处于高中阶段的外语学习者或者初级阶段的中国外语学习者而言,过度概化现象不会发生。原因是根据本研究的采访,大部分高中生外语学习者还不具备运用话语标记语的能力。比如,两个在国内学习的高中生在日常英语交流的场合,很少运用话语标记语;准确地说,他们的英语语言能力还不足以使他们驾驭英语话语标记语或者说由于现阶段他们的英语语言能力,他们在使用英语话语标记语方面很困难。

本研究表明:只有当外语学习者的目的语水平处于中级阶段时候,在运用话语标记语的过程中,过度概化现象才可能会发生,更准确地说,这个阶段的中国外语学习者使用话语标记语的过程中,过度概化现象突出。可以说,过度概化可被视为中级外语学习者运用话语标记语的一个比较突出的现象。对于高级水平的第二语言习得者,话语标记语的使用中过度概化现象在某种程度上可以忽略,比如,对于两位第二语言习得者(国外留学四年的大学四年级学生),研究者们发现:他们能在英语交流中自如地运用话语标记语。过度概化现象基本不存在。同时,本研究也以话语标记语为例从一个侧面揭示了语用知识的习得过程。以话语标记语 you know 为例,最初,英语初级学习者对其不了解,随着学习者语言能力达到中级,学习者了解了其语用知识,然而,这种语用知识的了解不全面,不牢固,可能会把话语标记语 you know 运用到一切场合(有些场合显然是不合适的),这时候,过度概化现象就发生了。当外语学习者的语言能力达到高级水平犹如本研究的第二语言习得者的水平,在运用过程中,由于他们在接触目的语输入的过程中发现了自己语用上的失误,最终摒弃了不合适的用法,高级学习者会自如地运用话语标记语。关于高级水平,对于语用行为而言,本研究中高级水平的语言使用者不仅仅词汇和句法水平达到高级,最重要的是,本研究中高级水平的语言使用者具备丰富且适当的目的语使用经历。以本研究的两位在国外留学四年的第二语言习得者为例，他们已经在目的语环境中有四年的学习经历，这四年的学习经历使第二语言习得者接触到的目的语输入达到一定的量。另外，由于他们四年的目的语环境生活经历，很可能，他们接触到如闫晓宇(2016)所言的种类繁多的输入，比如，一个话语标记语可能出现在多种语境中，多种语境可能会促进学习者对话语标记语的多角度加工。另外，四年的学习经历可能使学习者接触的适当输入的频率增高，这种高频率的适当输入很可能会刺激学习者对其进行加工的频率，这种高频率加工促进语言项目更可能进入学习者的长时记忆，而且由于高频率加工，语言项目在学习者的长时记忆中更可能得以巩固和加强。还有，据推测，两位国外留学的第二语言习得者接触的大部分输入更可能为适当的第二语言输入。这种适当的输入可能更好诠释了目的语话语标记语的正确用法，而且，这种适当输入很可能提供了目标话语标记语的适当语境，这种适当语境很可能更有助于话语标记语的理解。本研究结果证实了 Kasper & Rose (2002) 关于语用知识习得过程的观点。

十六、跨语言语用意识或者感知匮乏

关于语用意识，在习得话语标记语的过程中，很可能有很多不可控的因素。跨语言的语用意识即为一个极好的例子。本研究表明：一些外语学习者，甚至是一些高水平的外语学习者，不太喜欢运用话语标记语。他(她)们认为在会话中运用话语标记语会让人觉得他们对讨论的事情不自信或者说把握不大；话语标记语表明他们对所谈论的事物准备得不充分。外语学习者的这些看法并不激励外语学习者学得话语标记语。因此，毫不奇怪，外语学习者在使用话语标记语的过程中缺乏语用意识是个很严重的问题。至少在本研究中，对于中国英语学习者而言，这个问题很突出。问卷调查显示：当外语学习者不会运用话语标记语 you know 时候，您尝试了什么策略。在接受问卷调查的外语学习者当中，21.9%（受调查者）的选择运用母语中的相似成分作为替代品。或者更确切地说，51.5% 的接受调查的学习者更喜欢运用目标话语标记语 you know 的汉语功能近似对等物作为替代选择。部分外语学习者运用母语中相似成分取代 you know。这个现象也说明外语学习者使用话语标记语过程中语用意识比较欠缺。顺便说一下,研究结果表明:虽然学习者在交流过程中无意识地运用话语标记语,但是有些情况下会话者还是能够意识到的。

毫无疑问,在 COLSEC 语料库中,部分外语学习者不能识别话语标记语 you know 和“你知道”的功能差异。结果,在会话中,母语迁移的现象很普遍。这也说明:在话语标记语使用过程中,培养外语学习者的语用意识是必要的,重要而艰巨的。本研究也间接表明话语标记语语用知识习得过程的复杂性和主观性。本研究表明:外语学习者之所以无法弄清楚话语标记语 you know 和其功能近似对等物的功能,原因可能是外语学习者在语言学得过程中形成的错误认知。根据问卷调查,“你知道”与 you know 在功能上有相似性,因而,很可能有些外语学习者把两者视为对等。语料分析结果证明了这一点。比如,“你知道”与 you know 认知语篇功能框架一致。事实上,依据以往的研究,两个不同语言的话语标记语在某些功能上很可能表现不一致。这种错误的认知可能是影响本研究话语标记语语用迁移的可能因素之一。根据 Aktuna & Kamişli (1997)的研究结果,学习者的语用意识发展不充分,或者学习者的语用意识不能与学习者的语法能力发展同步,结果,在外语或者第二语言学习过程中,当学习者遇到交流问题时候,很可能,学习者会使用其母语或者第一语言模式,或者说在学习语言的过程中,学习者的大脑中产生了错误的假设:大部分的言语行为似乎是在所有语言中都是通用的。Istvâan & Tèunde(2000)也谈到了第一语言对第二语言的影响。根据 Istvâan & Tèunde(2000)的观点,在第二语言习得者获得多能力语言加工机制之前,他们的第一语言影响第二语言的使用。

目前的研究表明:在学习者运用话语标记语 you know 的过程中,培养学习者的语用意识是非常重要的。本研究表明:如果语用意识不足或者欠缺,那么很可能会视 you know 和“你知道”的功能一致。这样很可能会导致学习者在运用话语标记语 you know 的过程中的语用失败。因此,本研究显示:培养学习者的语用意识是话语标记语课堂教学的重要一部分。而且,许多学者已经意识到了这一点(Blanche,1987;Holmes and Brown,1987;Olshtain and

Cohen, 1989; Von Raffler Engle, 1983; White, 1993 and Wolfson, 1989, 引自 Aktuna & Kamişli, 1997)。本研究也证实了 Olshtain 的研究结果（引自 kasper, 1992）：学习者的感知是影响语用迁移的其中一个元素。在本研究中，根据问卷调查结果，母语为汉语的小部分学习者把汉语话语标记语"你知道"和英语话语标记语 you know 看成是在目的语英语和汉语中是可以替代的，在文化上或者在语言上是通用的。在 COLSEC 语料库中，一些外语学习者不能辨别"you know"和"你知道"的功能。就语篇功能而言，本研究中"你知道"和 you know 的功能框架完全一致。这说明外语学习者倾向于认为两者功能大体相似。确切而言，这两个话语标记语在语篇上并不具备相同的语用力。结果，很可能，外语学习者不能正确地运用话语标记语。

研究表明：话语标记语中的功能近似对等物纵然有相似的功能，但是具有不同的语言外表现行为力。如 Leech（1983，引自 Kasper, 1992）所言，有些言语行为策略在不同的语言中，无论是在句法上还是在语义上都存在相同的成分，但是并不会因为这些相同的成分，这些言语行为策略的语用力相同。如果我们混淆了不同语言相似的言语行为策略的语用力，会导致语用语言学迁移，结果外语或第二语言交流会产生语用失败（引自 Kasper, 1992）。正如 Olshtain（1983, Kasper, 1992）所言，学习者对语言形式所持有的观点或者态度会影响语用迁移；对语言形式持有的态度或者观点可分为如下两种：一种观点为普遍性观点，另一种为相对性观点；前者更可能会使学习者在运用目标语的过程中更容易受到其母语的影响，后者则降低了语用迁移的可能性；比如，就话语标记语 you know 和"你知道"而言，对于母语为汉语的外语或者第二语言学得者，如果倾向于认为两者功能相同，学习者在运用 you know 的过程中很容易受到"你知道"的影响，如果学习者倾向于认为两者功能不同，you know 的使用受到学习者母语影响的概率就小。根据目前的研究结果，根据 Olshtain（1983）和 Kasper（1992）的观点，对话语标记语 you know 和"你知道"而言，相对的观点更为适当，也就是说，虽然两个话语标记语的功能有相似的成分，但是这两个话语标记语的功能应该有其具体语言的特征。由此推断，普遍的观点将会使母语为汉语的学习者很难辨识这两者的功能。可以推断：这种相对的观点适用于各类语用行为的习得或者学得。其实，语用迁移不仅仅作用于话语标记语的习得过程（比如熊薇薇，2006），而且还可能作用于其他言语行为的习得过程。比如，国外语用迁移研究（Yarahmadi，2015；Cuesta，2015 等）提到的目标大部分为抱怨、道歉、拒绝、建议等言语行为策略；受试者为不同母语的英语学习者，受试者的母语包含阿拉伯语、波斯语、泰语、土耳其语等；研究方法多样化，有语料库研究，也有语篇测试等研究；研究内容一般是考察外语学习者与英语本族语者如何使用上述言语行为策略，在策略使用上的相同点和相异点，导致策略使用相异的主要因素是什么。相关研究（Yarahmadi，2015）结果显示：外语学习者在使用目标语言语行为策略时候，语用迁移现象很突出。从上述国内外言语行为的研究，我们可以看出外语或者第二语言言语行为运用的过程中，语用迁移现象很突出。如前面（Kasper，1992）提到的，感知是影响话语标记语使用的因素之一，笔者认为：很可能，外语或者第二语言习得者在语用项目习得过程中很可能由于缺乏跨语言意识或者跨语言意识不足，在运用言语行为策略时候（比如话语标记语）下意识地依赖于已经习得的策略。

十七、语言水平的重要性

问卷调查显示：在会话中，外语学习者不熟悉话语标记语 you know 的大部分功能，只能熟练运用个别话语标记语的个别功能。有几位问卷参与对象直接声明：他们无法使用话语标记语 you know 的直接原因就是他们的语言水平比较低。国内两个高中生谈到当用英语与教师和同学们交流时候，他们很少用到话语标记语，可以说，目的语话语标记语的运用超出了他们的能力范围，总之，他们在运用话语标记语方面很困难。本研究结果表明：绝大多数外语学得环境下的高中生不具备运用话语标记语的能力，而且，即使外语学习者的目的语水平达到了中级，他们在运用话语标记语的时候，也倾向于在更大程度上依赖他们的母语。根据问卷调查，当学习者被询问当话语标记语在他们的能力范围之外的时候，是否求助于英语功能近似对等物——汉语话语标记语“你知道”的帮助，21.9%的问卷参与者会求助自己的母语，运用“你知道”作为 you know 的替代物。虽然57%的母语为汉语的学习者口头上表示他们在运用话语标记语的过程中并没有受到其母语的影响,但是这与语料库分析的结果不一致。虽然学习者在运用话语标记语时候都是下意识的,问卷调查的结果有其局限性,但是语料库分析显示:学习者在运用话语标记语时候,很明显地借用了其母语中功能近似对等物的功能。问卷调查结果和语料库分析相互印证表明了中介语学习者话语标记语运用中语用迁移的发生。本研究问卷结果显示:妨碍学习者运用话语标记语的一个原因是他们的语言水平,而且,对于目的语水平为中级的外语学习者而言,根据本研究结果,在运用话语标记语的过程中对他(她)们母语的依赖程度很深。如访谈表明:在国外学习四年以上的高年级学习者能自如运用话语标记语 you know。这说明学习者的语言水平与学习者话语标记语的使用有某种关联。从本研究结果也可以推断出,外语学习者对话语标记语的使用有一定的要求。具体而言,本研究表明:外语学得者需要达到一定的目的语或者外语能力才能使用话语标记语。中级阶段的外语学习者对其母语的依赖程度很深,也可以说,在中级外语学习阶段,语用迁移对外语学习者的影响程度或许达到了顶点。根据本研究结果,中级外语学习者对话语标记语使用具有如下特点:能使用的话语标记语的数量较小,能熟练使用的话语标记语仅仅为个别话语标记语,且也仅仅使用话语标记语的个别功能。对于个别话语标记语的大部分功能,中级水平的外语学习者还不能适当使用。本研究结果表明:随着学习者目的语语言经历的丰富,学习者的语用能力达到一定的高度,当然,学习者的语法能力也达到一定的高度;在这个阶段,学习者使用话语标记语的数量多,或者说使用话语标记语的种类丰富,最重要的是,该阶段的学习者可以比较自如地使用话语标记语。正如本研究所示,两位在国外留学四年的第二语言习得者能自如使用话语标记语。另外,我们还要注意,本研究的第二语言习得者在国外留学四年,因此,他们的实际语境语言经历丰富。本研究结果表明真情实景丰富的语言经历是话语标记语习得的重要因素,否则即使学习者的词汇和语法水平高,如缺少该条件,在使用话语标记语方面也可能会有困难,或许不能自如使用话语标记语。研究结果与许多学者的结论是一致的,学习者的语言能力与语用迁移成反比例关系,或者说学习者的语言能力越强,语用迁移的影响就越小,原因是学习者在运用语用行为的过程中较少依赖其母语或者说学习者对其母语的依赖越少(Taylor,1975,引自 Kwon Jihyun,2003;Maeshiba et al,1996,引自 Kwon Jihyun,2003;Takahashi & Dufon,1989,引自 Kwon Jihyun,2003)。本研究表明:语言水平影响到许多类型语言行为的运用。除了本研究中的话语标记语,还有其他类型的语言行为,比如 Allami Hamid & Amin (2011)的研究谈到的英语中的"拒绝"行为。

研究结果得出结论:话语标记语的习得是有阶段限制的。只有当学习者的语言能力达到某个特定的阶段时,才会使用话语标记语。这个结论可以在某些学者(Collins,2002;Wode,1978;Zobl 1980;引自 Sugaya Natsue and Shirai Yasuhiro,2007)的研究中推断出来的。本研究语料显示两位在外语学环境之下学习外语的高中生几乎很难运用话语标记语,原因可能是在外语学环境之下大多数处于高中阶段的学习者的语言水平没有达到这个特定的阶段,因而,在他们的目的语语言运用中不存在话语标记语语用迁移。这也说明了话语标记语使用的阶段性特征。准确而言,只有达到特定目的语阶段的外语学得者才会开始使用话语标记语,话语标记语的这个特点不同与其他语用行为,可被视为话语标记语的突出特征,比如有些学者(比如,Allami Hamid & Amin,2011)的研究都证明了语用迁移和语言水平的关系。话语标记语的习得与这些语用行为不同。本研究结果也证实了 Okura Kyoko (2003)和 Takahashi and Beebe (1987)的研究论断:语用迁移与词汇和语音迁移是有差异的,如果非本族语者没能基本掌握目的语,语用迁移就不会发生,换句话说,语用迁移的发生有它基本的前提条件,即非本族语者应该基本掌握目的语语言。

依据本研究结果,可以感知到外语学习者学得话语标记语的过程会经历很多变化。本研究表明:外语学得环境下高中阶段的学习者几乎不会使用话语标记语,中级水平的受试者只能熟练运用个别话语标记语的个别功能,目的语习得环境下的第二语言习得者(国外留学四年)可以自如运用话语标记语。相对而言,考虑到话语标记语的口语性(Ostman,1982)和多功能性,以及复杂多样的影响因素(阴瑛,2008),话语标记语比较特殊,根据上述学者们和本研究结果的观点,目的语语言水平太低的不太可能迁移其母语语用模式,可以说,语言水平是影响话语标记语运用的重要因素之一。本研究问卷参与者直接声明是他们的语言水平直接限制了他们使用话语标记语 you know。然而,本研究中语言水平对话语标记语使用的影响有如下特点:一定的目的语语言水平可能是使用话语标记语的必要条件,当学习者目的语语言水平达到特定层次后,可以假定,随着这些中级外语学习者语言水平的提高,对话语标记语的使用可能会产生变化,就 you know 而言,他们使用话语标记语 you know 的频率也可能会越来越高,他们使用话语标记语 you know 的功能数目可能也会增多。本研究结果显示:在这些中级水平外语学习者的语言使用丰富度达到一定阶段之前,即使他们使用的话语标记语数目增多了,但是与语言经历丰富的第二语言习得者相比,整体上,他们适当运用的话语标记语的数目和单个话语标记语的功能数目可能还是有限的,而且运用的自由度可能不高。而且,如果这些外语学习者不适当地运用了话语标记语 you know 的功能,很可能,他们也不能识别这些不当之处并进行修正,这一点可以由 Bardovi-Harlig & Griffin Robert (2005)的研究结果推断出来。根据本研究,可以假定,一门语言话语标记语的习得过程或许可被视为一个连续体。一门语言的话语标记语可能都处在一个连续体上的某个点上。不同的话语标记语处可能在这个连续体的不同位置。有些话语标记语诸如 you know、like 等或许处于这个连续体的较末端,换句话说,或许外语学习者较晚习得这些话语标记语。上述论断同样适用一个话语标记语的功能。一个话语标记语的各项功能习得或许被视为一个连续体。一个话语标记语的不同功能或许都处在一个连续体的某个点上,每个话语标记语的不同功能或许处在这个连续体的不同位置。对于话语标记语 you know 而言,比如,其维护面子、引用等的功能或许处于这个连续体的较末端,换句话说,或许外语学习者较晚习得这些功能。期待中级外语学习者适当使用 you know 的所有功能可能性不大。期待中级外语学习者适当运用所有阶段的话语标记语是不切实际的。本研究结论也证实了前人的研究结果。Bardovi-Harlig & Griffin Robert (2005)的研究得出结论:有些言语行为处于习得过程的较晚阶段,不要期待处于学习初级阶段的人适当地运用这些行为,这种期待是不合理的或者说是不切实际的。

本研究证实:语言能力是影响可迁移性的因素之一,具体而言,外语学习者的语言能力对语用语言迁移产生积极的影响。本研究表明:在外语学习者运用话语标记语功能的过程中,语言能力是至关重要的。根据笔者的研究结果,随着外语学习者(以中级外语学习者为例)在学习过程中接触到更多的语言输入,经历更多的目的语语境,外语学习者语言能力得以更多的提高,话语标记语的功能可能会变得越来越透明,从而外语学习者(以第二语言习得者为例)更容易习得其功能。本研究表明:纵然如 Aktuna & Sibel (1997)阐明的那样,语用能力和语法能力的发展不同步。然而,本研究结果证明了在话语标记语的学得过程中,外语学习者的语言水平对外语学习者的语用能力产生了影响,而且这种影响是积极的。目前的研究证实:语言能力促进了外语学习者运用话语标记语。本研究结果与有些学者(Aktuna & Sibel,1997)的研究结论相佐。根据 Aktuna & Sibel (1997)的研究结论,由于语法能力和语用能力的发展不一致或者说不平衡,即使外语学习者在目的语会话中的言语都合乎语法,然而,会话中的语法正确并不能保证会话中的语用行为适当(引自 Aktuna & Sibel,1997)。

本研究进一步得出结论:在学得话语标记语的过程中,外语学习者已经充分认可了语言能力的作用。如问卷调查显示:外语学习者已经认识到由于他们较低的语言能力,他们对话语标记语 you know 的使用很有限。几位参与本研究的对象直接说:他们没能正确运用话语标记语 you know 的原因是他们的目的语英语语言能力较低。关于语言能力与话语标记语使用的关系,上面已经有较为详细的论述。如本研究显示的那样,在外语学习初始阶段,语言能力或许限制了话语标记语的使用。然而,关于语用能力与语言水平之间的关系,学者们观点不一致。关于学习者语用能力的提高,有学者(Borderia-Garcia,2006)肯定语言水平的积极作用。有学者认为学习者的语言水平并不能培养学习者的语用意识或者说两者没有关联(Bouton,1988,1992,1994)。关于学习者的语言水平而言,在语用研究领域,对于语言能力和语用迁移的关联并没有得出一致的结论。有些研究结果(比如,Borderia-Garcia,2006;Bouton,1988,1992,1994)甚至是相互矛盾的。关于语言水平和语用能力的关系,在相关研究领域存在很多争论。笔者的观点是:考虑到语用知识的复杂性(Beebe & Giles,1984;Borderia-Garcia,2006 等),关于语言水平和语用能力的关系,相关研究很难达成一致的结论。考虑到语言水平在语言运用中的重要作用,对语言能力和语用能力的探讨也是未来语用研究的重要方面。对话语标记语的研究表明语言学习者的语言水平是影响话语标记语语言运用的重要因素。

十八、回避

问卷调查显示:当目标话语标记语 you know 的功能在外语学习者能力范围之外的时候,48.5%的学习者会运用回避策略。具体而言,根据问卷调查,这些回避策略可能涵盖如下一些方面:比如,9.4%的问卷参与者会选择肢体语言取代话语标记语 you know,3.1%的问卷参与者当不会使用话语标记语 you know 的时候,会依赖实词表达,25%的问卷参与者不选择任何策略对等等。这些替换策略源于学习者不会使用 you know。还有,根据问卷调查,有些语言使用者不愿意运用话语标记语,他们认为使用话语标记语会让听话人觉得他(她)们不自信或者准备不充分。这说明部分中级英语学习者对话语标记语使用的重要性认识不足,语用意识不强,甚至形成了错误的认知。从这一点上,我们可以看出培养正确的语用态度是十分重要的。根据本研究结果,由于这种错误的语用感知,外语学习者在使用话语标记语的过程中倾向于使用回避策略,不利于学习者学得话语标记语,同时也说明部分中级外语学习者没有做好使用话语标记语的心理准备。语料库分析的结果显示:中介语学习者不曾使用"you know"的某些认知功能,比如,维护面子,修正功能,引用信息功能等。本研究外语学习者使用 you know 过程中的多种回避策略很可能影响了话语标记语使用或者学得。Kasper (1981)的研究已经证明了这一点。

然而,在中介语语用学研究中,关于"决定迁移的条件"(Kasper,1992,205),目前相关研究甚少;即使是一般意义上的迁移研究,同样关于迁移条件的研究匮乏,因而,无论是语用迁移还是一般意义上的迁移,迁移条件的相关研究有待丰富(Kasper,1992)。关于 Kasper(1981)研究中的迁移现象,究其原因,"在语用语言层面上中介语学习者避开使用目的语话语标记语 I mean 的主要因素是教师的指导"(引自 Kasper,1992,219)。与 Kasper 研究不同的是,根据本研究结果,一些中介语学习者使用话语标记语的主要影响变量非外部作用力,而是内部因素,具体而言,主要的影响变量为语言能力、个体偏好、语用意识等。这些因素影响话语标记语 you know 的使用。就语用意识而言,本研究中的中级外语学习者(中国英语学习者)的语用意识匮乏或缺乏,纵然他(她)们能够用目的语交流,他们在话语标记语(至少就话语标记语 you know 而言)方面的语用能力和语用意识没有得到很好的发展。

本研究证明:在语言运用中,存在话语标记语的许多替换策略,话语标记语的这个特征很易使学习者回避话语标记语。如问卷调查显示,当母语为汉语的学习者不能运用话语标记语 you know 时,有可能选择的可替换策略如下:21.9% 的学习者会选择母语或第一语言话语标记语的功能;6.1% 会运用英语话语标记语"en";3.1% 的问卷调查对象会采用停顿策略;34.4% 的学习者会选择如下其他的话语标记语:well、you see、I mean、OK、let me see 等;9.4% 的学习者会使用肢体语言;25% 的人不选择任何策略;3.1% 的学习者会运用实词替换。问卷显示学习者有多样化的策略回避话语标记语,根据本研究对话语标记语"你知道"和 you know 的研究结果,外语学习者学习策略的使用很突出,这些策略使用体现了中级青年学习者话语标记语的运用特征,可以说,在中级青年学习者话语标记语的使用中,主观因素占有很大比重,与 Istvâan & Tèunde(2000)的观点一致。从而,学习者对话语标记语的功能掌握得较差,可以说话语标记语的个体特征是影响话语标记语,至少是话语标记语 you know,功能学得的重要因素。

十九、语用迁移不可避免

依据 Lowie (1998) 的观点,就话语标记语 you know 而言,话语标记语 you know 和"你知道"为功能近似对等物,两个话语标记语功能有重叠的成分,因而,you know 和"你知道"这两个处于不同语言中的词注节点可能会被同时激活。基于 Lowie (1998) 的观点,就本研究的话语标记语 you know 的学得过程而言,由于其和“你知道”有多项共同的功能或者功能有相似性,并且两个话语标记语共享功能特征数目多,因而共同激活的强度可能大。本研究结果表明:对于中级水平的外语学得者而言,在话语标记语运用的过程中,其母语的干扰非常显著;尤其是母语中若存在目的语功能近似对等物,其母语功能近似对等物的干扰几乎是弥漫性的;有的外语学习者受到多种因素的影响甚至在运用话语标记语 you know 的某些功能的时候,把两者的功能对等起来。比如,中介语语料库中某些功能(修正功能、维护面子功能,引用信息功能)的缺失很可能与中介语学习者的母语有关联,具体而言,很可能与话语标记语 you know 的功能近似对等物“你知道”有关。本研究没有发现“你知道”具备修正功能、维护面子功能,引用信息功能。

本研究也证明:话语标记语功能近似对等物语际共同激活的强度大,这同时也说明这两个话语标记语拥有较多的共同功能特征。根据 Lowie (1998)的观点,本研究中两个话语标记语在使用频率、语用功能框架、人际功能、认知功能、语篇功能、功能偏好等方面存在显著语用迁移。笔者还得出结论:在外语学得环境之下,话语标记语的迁移现象可能已经内化。根据对受试者的问卷调查,57%的受试者口头上宣布,他们在运用话语标记语 you know 的过程中,不受其母语的影响,然而,语料分析表明母语影响涉及话语标记语 you know 功能运用的诸多方面。这种现象说明母语影响可能是下意识的,母语影响可能已经内化。如何抑制或者消除母语对话语标记语的弥漫性影响?一方面,借鉴 Kasper (1992)的研究,最直接的方法是教师指导。具体而言,教师帮助外语学习者弄清楚功能近似对等物的异同点。在 Kasper(1992)的研究中,由于教师的干预(明确解释),学习者回避使用话语标记语 I mean。同样,为了让学习者弄清楚不同语言间的功能近似对等物的功能异同,话语标记语应该成为课堂教学的一部分,许多学者(比如 Aijmer, 2011)都认识到了这一点。就 you know 和“你知道”而言,两者的功能既有相似性和相异点。根据以往的研究结果(刘丽艳,2006;陶红印,2003;杨晓霞,2006;Fox Tree & Shrock,2002 等),可以得出结论:两个话语标记语的主要功能有相似之处,可以说两者的基本功能一致,都具备信息共享、信息核查、注意功能。但是,两者的功能也有差异。就本研究“你知道”的研究结果而言,“你知道”的语篇功能为汉语本族语者重视且功能类型多样化,宋秀平(2011)的研究也提到了这一点。Fox Tree & Shrock(2002)的观点显示,话语标记语 you know 的语篇功能非其基本功能。由此推断,两者的语篇功能类型很可能不一致。本研究有些中级外语学习者很可能把两者的语篇功能视为一致,很可能弄混了两者的语篇功能,从一个侧面说明中级外语学习者或许不具备区分两者功能细微差异的能力。或许,外力,比如课堂讲授,可以帮助学习者弄清楚两者的具体功能,加速外语学习者对话语标记语功能的理解和掌握。另一方面,据推测,自然习得话语标记语的功能可能需要一定的条件。本研究的访谈结果表明:可能,真实语境下一定量丰富而适当的目标语经历可以让学习者自然而然地学得话语标记语的功能。满足这个条件需要特定的外在条件,比如,有机会获得目的语经历,在目的语语境中一定的时间,目的语适当的语境等等。因而,满足这个条件是困难的。总之,很可能,外力,比如课堂教学,应该是促进学习者学得话语标记语功能的较好手段之一。

二十、语用项目习得复杂

如果把 Lowie (1998)的观点作用于话语标记语的学得过程,具体描述如下:在话语标记语功能的学得过程中,借助共同激活(coativation),话语标记语的某些功能很容易被学习者掌握,比如,本研究中外语学习者基本掌握了 you know 的人际功能、解释功能、提醒功能,很可能,这些功能特征在学习者习得其母语的过程中已经在学习者的大脑中形成,所以外语学习者学得话语标记语 you know 功能时候无需建立与这些功能相关的特征;外语学习者在学习外语的过程中,即可把脑海中已有的功能特征与外语中要建立的话语标记语的功能特征匹配起来。进而,本研究已经提到,在话语标记语功能习得的过程中,太多的语用因素卷入(比如阴瑛,2008),由 Lowie(1998)的观点可以推断,话语标记语的习得涉及建立新的功能特征,在某些方面(如语用方面)甚至是全新的新功能特征建立的过程。比如,对于话语标记语 you know 的修正功能、引用功能、维护面子功能,其汉语中的功能近似对等物可能不具备这些功能,依据 Lowie(1998)的观点,习得这些功能可能即为全新的建立新功能特征的过程。另外,影响话语标记语功能习得的因素很多,综合以往研究成果,话语标记语的习得涉及多种因素,比如,语境(马卉,2004)、语言水平(吉晖,2016)、年龄(Erman,2001)、语境(杨菊花,2005)等等。考虑到上述诸多因素和 Lowie(1998)的观点,话语标记语的功能习得在更大程度上可以说是建立全新功能特征的过程,而且,这个习得过程很可能更为复杂。比如,就话语标记语 you know 的功能习得而言,本研究涉及其人际功能、认知功能、语篇功能三个类别,每个类别下面还有多个子功能,而且综合以往研究(郑群,2014 等),其功能习得涉及语言水平、个体偏好、年龄、性别、社会地位、职业等因素。由于影响话语标记语功能习得的因素很多(郑群,2014),根据 Lowie(1998)的观点,就功能特征而言,话语标记语习得过程中需要建立的功能特征繁多,整个习得过程或许很复杂;就人际功能而言,需要建立与它的两项子功能(信息共享和信息核查)对应的功能特征;就单个子功能而言,还要建立与上述影响因素对应的功能特征,比如,涉及多个层次的语言水平,不同程度的语言偏好,不同阶段的年龄,不同性别,不同社会层次,不同职业等,而且,这些因素有些很难指标化、量化,甚至可能无法指标化、量化,因而,话语标记语学得难度可窥一斑;在习得话语标记语的认知功能、语篇功能的过程中,习得人际功能过程的复杂性同样存在,而且,认知功能和语篇功能的习得可能更加复杂,原因是 you know 和"你知道"的人际功能类型基本一致,它们的认知功能和语篇功能的功能类型可能并非完全一致,比如,you know 具备维护面子功能、修正功能,本研究表明:很可能,"你知道"不具备这些功能,还有,"你知道"可被用来表示对比、表示结果等,或许,英语本族语者不使用 you know 表达这些功能,对于中国英语学习者而言,在习得 you know 维护面子功能、修正功能、引用信息的过程中,几乎是全新的功能习得过程;从本研究结果来看,中国英语学习者给 you know 增添了一些新功能(表达对比、结果功能),如果 you know 不具备这些功能,中国英语学习者还要经历一个功能特征重塑的过程或者是错误功能特征摒弃的过程;可以说,you know 认知功能和语篇功能的习得或许比人际功能更加复杂。

第三节　话语标记语母语影响因素

一、程序性知识影响话语标记语的习得

在中介语学习者语料库和目的语语料库中的话语标记语 you know 出现的频率有很大差异。该结果很可能还是与外语学习者的母语有关。确切而言，以往研究显示：在英语本族语者当中，话语标记语 you know 是最常运用的话语标记语之一。访谈结果与本研究结果一致，在英语本族语者的实际交流中，出现的频率很高。相比之下，根据本研究的中介语学习者语料库分析结果，其出现的频率低得多得多，这说明英语本族语者和中国英语学习者在使用 you know 的频率方面差异大。

大多数中国英语学习者还不能使用话语标记语 you know。笔者认为，其中一个可能的原因是：话语标记语 you know 的所有功能并不在母语为汉语的英语学习者能力范围之内；或者说中国英语学习者只是对话语标记语 you know 某个或者某些功能熟悉。问卷参与者表示：对于话语标记语 you know 而言，中介语学习者不能掌握其大部分功能，有几位参与者表示他们英语语言能力低，还不能使用话语标记语 you know，笔者认为，这种对其功能的部分学得或者完全没有学得可能导致了语用迁移的发生，也可能是该方面（话语标记语）语用迁移发生的根本原因。原因如下：对于汉语本族语者而言，参与本研究的中介语学习者均为具备较完备母语（汉语）知识体系的大学生，根据陈述性知识和程序性知识的定义，在他们的知识库中，话语标记语“你知道”的知识为程序性知识，保存在学习者的长时记忆中；对于大部分中国英语学习者而言，新的词项话语标记语 you know 的知识在他（她）们的知识库中，可能还只是处于陈述性知识阶段。本研究表明：很可能，当外语学习者运用 you know 遇到困难时候，学习者可能会下意识地寻求其长时记忆中的固有知识或者处于程序性知识状态的知识（话语标记语“你知道”的功能

知识)来取代。本研究结果证实了 Kasper(1992)关于加工模式的观点。问卷和语料库分析均显示:外语学习者母语中目的语话语标记语 you know 的功能近似对等物"你知道"会不知不觉地影响外语学习者运用目标话语标记语 you know。有些学者(比如 Hermans 等,1998)提出在语言学习中,功能的相似性很易产生干扰作用。

二、习得话语标记语功能的艰难过程

话语标记语 you know 在中国外语学习者语料库 COLSEC 和英语本族语者语料库中 CANCODE 的频率差异非常大。问卷调查也显示:大多数中国外语学习者还不具备运用 you know 的能力,这种表现很明显。导致中国外语学习者语料库中话语标记语 you know 的运用频率超低的另一个因素可能与话语标记语的学得过程有关系。随后的论述会表明:学得话语标记语功能本身是一个复杂的过程。这种复杂性或许在某种程度上决定了外语学得过程的学得难度。根据 Lowie 的观点,当儿童学习新的词汇项目时候,"透明度,可比性,规约性起作用"(Lowie,1998,71)。在这三者当中,"在指导儿童创新方面透明或许是最重要的原则"(Lowie,1998,74)。根据 Lowie 的观点,笔者详述外语学习者学得话语标记语的功能的艰难过程。与实词相比,众所周知,话语标记语没有命题意义(百度百科),透明度差。Langacker (1977,10)认为:无论是习得第一语言的儿童还是习得第二语言的成年人在习得或者学得一门新语言的过程中,都在(努力)寻求一种理想的或者是最佳的语言准则;根据这种准则,每一个表面的语言单位,比如说词素,都会对应一个意义或者功能,这种意义或者(说)功能是清晰而突出的,这种对应是比较一致的;句子中每一个语义成分对应一个清晰而可识别的语言形式。在这一方面,就话语标记语而言,其功能很难满足 Langacker (1977)所说的情况,其一,很多话语标记语的功能具有很多相似性,比如,虽然话语标记语 well 和 you know 都可以用于起始话题,但是两者或许有差异。当然,两者的功能可能相似,但是两者可能不完全相同。在绝大多数情况下,我们还要考虑到两者在多大程度上相似。其二,大多数话语标记语执行多种多样的功能。对大多数话语标记语而言,其功能不存在唯一性。或者说,对于大多数话语标记语而言,其表面的语言形式和功能之间不存在清晰或者完全一致的对应关系。通常,一个功能对应多个语言形式,比如,就填充词而言,它对应多个语言形式,比如,话语标记语 I think、you know、well 等均执行填充词的功能。或者一个语言形式对应多种功能。比如,就话语标记语 you know 而言,它对应十三项子功能。绝大多数话语标记语均执行不止一项功能。

另外,最重要的是,根据本研究结果,在习得话语标记语 you know 的功能的时候,母语为汉语的英语学习者在认知上没有准备好。在口语交流中,因为本研究显示学习者可以用多种策略取代话语标记语 you know,因此,在有些场合下,话语标记语可能并不是必不可少的,从而外语学习者学得话语标记语功能的动力可能不足。问卷调查的对象反映:当他们不会应用话语标记语 you know 时候,他们更愿意采取其他的策略。根据笔者的问卷调查,如果他们不会运用话语标记语 you know。3.1% 的学习者会采取停顿策略。6.3% 选择语气词,诸如,嗯。34.4% 会运用其他的话语标记语代替。9.4% 倾向于选择身势语。3.1% 更喜欢用实词取代。问卷调查对象者的回答表明:外语学习者对话语标记语 you know 的运用在很大程度上是有限的。多种多样的替换策略在某种程度上并不鼓励学习者学得话语标记语的功能。Lowie 认为,当学习者习得新的语言项目时,如果学习者对新的语言项目有认知准备,会有利于学习者习得新的语言项目。借鉴 Lowie 的观点,就话语标记语 you know 而言,如果学习者具备习得动力,动力驱使学习者习得 you know 的功能以便学习者能够适当表达他们的功能。本研究显示:汉语为母语的英语学习者在遇到话语标记语 you know 时候,由于有多种多样的替代策略,很可能,他们并没有达到学得话语标记语的认知准备状态。相应地,学习者很难学得话语标记语 you know 的功能。

Lowie(1998)的观点表明:儿童视成年人的语言表达习惯为标准。同样,由 Lowie(1998)的观点,我们可以推断出,在外语或者第二语言习得情境中,对于语用模式的学得或者习得而言,如果我们能提供机会让中介语学习者比较自己的中介语表达式与目的语本族语者表达式,那么,很可能,也给了外语学习者和第二语言习得者接近目的语语言表达式的机会。与母语习得不同的是，第二语言或者外语习得中，很可能，受到多种因素的影响，比如，受到某些因素的影响，比如，学习者语言表达的习惯，接触的输入材料等，某一阶段的中介语学习者偏爱使用某一个或者某一些话语标记语及其某一个或某一些功能。因而，某一阶段的中介语学习者可能缺少充分的机会比较中介语表达式和目的语本族语表达式。中介语学习者语言偏好是个问题，未来需要更多的相关研究。很可能，大部分第二语言习得者更加偏爱使用目的语本族语者表达式，原因如下：根据闫晓宇（2016）的观点，第二语言习得环境下，使用语言是生活的一部分，基于语言使用者实际现实需求。闫晓宇（2016）谈到的这种基于实际需要的动机在很大程度上迫使第二语言习得者使用目的语，这种迫使可被视为一种驱动力。比如，学习者若去图书馆借阅图书，需要知道如何用目的语表达自己，"借书"这个现实需要促使学习者学会关于借阅的一些目的语语言表达。虽然这种"迫使"在某些情况下可能会破坏学习者学习目的语的兴趣，但是，在第二语言习得环境之下，这种"迫使"在更大程度上呈现出积极的一面，如闫晓宇（2016）所言会积极推动第二语言习得者使用目的语；另一方面，根据闫晓宇（2016）的观点，如果语言输入与学习者的生活和学习有关，这样的输入容易激发学生对其的兴趣和热情；为了准确地表达自己，解决交流和语篇中的实际问题，学习者不得不接近目的语本族语者的表达，可以说，这种接近目的语的表达式基于生活需要。相比之下，在外语学得环境之下，譬如在中国这种外语习得环境下，绝大部分语言学习者为外语学习者，首先，考虑到目的语输入的量（上面已经提到），很可能，绝大部分外语学习者可能很少有机会把自己的中介语语用模式和目的语本族语者语用模式相比较，根据 Lowie（1998）的观点可以推断，这样绝大部分外语学习者有很少的机会接触目的语表达。不但如此，外语学得环境之下，十有八九，根据 Istvâan & Tèunde（2000）的暗示，可能会发生中介语影响中介语的情况。这样，绝大部分外语学习者不当的言语行为模式或许不会得到及时修正。还有，在外语学得环境下，在很多情况下，即使外语学得者有机会接触目的语，这种接近目的语本族语者表达式的动机在大多数情况下也并不那么强烈。外语学得环境之下的动机在很多情况下并非基于迫切需求。

然而,在外语学得环境下,习得目的语的正确语用模式并不是不可能的。理论上,假如这些外语学习者的中介语语言水平达到了 Istvâan & Tèunde(2000)提到的多能力语言加工机制,外语学习者的语言交流无论在语言组织、运用情景等方面还是能适当运用的。然而,Istvâan & Tèunde(2000)本人也承认:没有直接的证据证明这种多种能力水平的存在(Istvâan & Tèunde,2000,109)。首先,关于 Istvâan & Tèunde(2000)提到的生活情景的丰富度和集中度,丰富度和集中度的判定标准也比较困难;如果弄清楚其具体特征,我们就可以依据一定的标准提供相应特征的输入,这样的输入可能会有利于外语学得。在外语学得环境之下,这样的目的语场景可能较少,但是也可能有场景达到这个层面,比如,影视资源、目的语本族语者的聚会等可能会提供这样的生活场景;其次,即使外语学习者接触到了这样的目的语场景,但是,外语学习者很难满足 Istvâan & Tèunde(2000)所提到的真正参与场景。正如 Istvâan & Tèunde(2000,117)提到的参与语篇,"真正的参与语篇不仅仅需要意义磋商而且需要身临其境"。在外语学得环境中,很可能,这种"真正参与"的机会很少。因此,外语学得环境下学得语用项目是十分困难的。关于 Istvâan & Tèunde(2000)所提到的多能力加工机制,这些构成元素本身主观性强,很难判断学习者是否达到这些构成元素的标准或指标,比如,如何判断较为宽广的知识基础?如何判断学习者具备了较为宽广的知识基础?如果能给出适当的评判标准就好了。根据对 Istvâan & Tèunde(2000)所提到的多能力加工机制的判断标准,我们只能大致判断学习者是否达到了这个标准。同样,对于 Istvâan & Tèunde(2000)谈到的共有根本概念基础,其构成成分语言组织上更好、语用情景适当、计划周详,这三项标准的指标化同样困难,同理,也只能大致判定学习者是否具备 Istvâan & Tèunde(2000)谈到的共有根本概念基础。比如,何谓语言组织上更好?因而,关于多能力加工机制和共有根本概念基础,其相应判别标准模糊,这样,我们很难提出相应具体措施以促进更好的语言学得或者习得。

三、话语标记语本身功能复杂性

首先,话语标记语本身是多功能的,单纯具有一个功能的话语标记语很少，比如，话语标记语 you know 具备人际功能、认知功能、语篇功能，而且每类功能下面均有一些子功能，人际功能下面有两项子功能，认知功能的子功能有四项，语篇功能的子功能有七项。而且，根据王初明(2003)的观点，这些功能都和语境知识相联系，我们在上文中已经提到，许多学者提到语境元素的多样性。根据新编简明语言学教程(戴炜栋、何兆熊，2013)提到的有关语境的观点，语境本身包含的元素很多，比如人物、时间、地点、人物身份、亲疏程度等等；语境包含情景语境和语言语境。而且小语境分析还要结合较大语境，甚至考虑整个语篇的上下文。新编简明语言学教程(戴炜栋、何兆熊，2013)提到的语境中的语言成分也是较大的挑战。就语境中的语言成分而言，语言成分的难易度是需要考虑的因素之一，笔者认为，在话语标记语的习得过程中，语境中的语言成分是需要考虑的关键因素，而且，语言障碍很难得以解决。也许现有语境的语言不构成障碍，但是较大范围语境的语言或许对学习者是障碍。由此可以得出结论，语境分析有相当的难度。如果把语境与话语标记语综合起来，两者卷入的成分更加复杂，因而，话语标记语的学得难度可窥一斑。上面已经谈到话语标记语的影响因素种类繁多，包含语言的和非语言的。因此，把这两个具有多个影响变量的成分放在一起，可以想象，成分会变得更为复杂。具体而言，在语境中理解话语标记语需要多方面的知识，比如，专业知识、社会文化知识等，这些元素涉及的知识面都很广泛。这些元素对话语标记语的使用都有可能产生影响。而且，话语标记语分析需要多方面知识的融合，只有具备了目的语方面的综合性知识，才能较好分析话语标记语在语境中的功能。

四、影响话语标记语使用的诸多因素

综合以往研究成果，话语标记语的习得卷入诸多因素，比如，语言水平(吉晖，2016)、年龄(Erman，2001)、文化差异、人际距离、性别、社会地位、文体差异等个体因素(阴瑛，2008)、语境(杨菊花，2005)等均影响话语标记语的使用。如果考虑到这些因素，话语标记语的功能习得很困难。原因如下：就习得语境因素而言，话语标记语的非正式性特征影响其习得(Müller,

2005)。根据 Müller 的观点,语言形式通常出现的语境决定了语言形式的习得方式。而且,许多学者的研究结论为 Müller 的观点提供了实证支持。例如,Richards & Schmidt (1983)的研究表明:课堂教学与学习者会话能力的提高与否关系不大,具体而言,课堂教学设计的模拟会话对学习者会话能力的提高帮助不大,课堂教学创设的会话与真实情景会话的相似度越高,越对话语标记语的习得有利。就中国外语学得环境而言,绝大部分学习者在正式语境(课堂、补习场合等)中学得外语,依据 Richards & Schmidt (1983)的观点,考虑到话语标记语的非正式性特征,外语学得环境或许不能为外语学习者提供较好的习得环境。而且,根据 Müller 的观点,在第二语言或者外语习得过程中,非目的语本族语者之间的会话不能算作真正的会话,如果会话参与人不包含本族语者,那么这样形式的会话不能被视为真正的会话,课堂上模拟的会话情景无论相似度有多高,与现实生活中的会话情景还是有差异,因而课堂上模拟的会话情景对言语行为的习得作用可能不大。况且,在外语学得环境下,绝大部分课堂教学可能呈现的多为中介语者之间的会话,以中国现有的外语学得状况为例,无论是非英语专业的课堂还是英语专业的课堂,课堂上的会话形式绝大部分为非本族语者的会话。因此,中国外语课堂环境之下,本族语者参与的会话可能很少,多数情况之下为非英语本族语者之间的会话,可以说,外语学得环境之下会话形式均达不到 Müller 的标准。当然,中介语之间的会话对话语标记语学得可能也有促进作用。其在多大程度上发挥作用有待今后研究进一步探索。鉴于不同类型的言语行为对输入的要求可能也不同,外语学得环境对不同类型的言语行为促进或者妨碍效果不同。因而,在外语课堂教学语境下学得某些言语行为或许非常困难。虽然教师在课堂这个正式的语言习得环境中努力设计接近目的语本族语者交流的真实会话情景,但是,无论怎样,这种正式习得环境并非话语标记语习得的理想环境(Müller,2005),参与者会话能力提高的前提是参与会话,且这样的会话要么是真实自然的要么是创设的具有这样特点的会话(Richards & Schmidt,1983),但是,笔者认为,根据学者们的观点(比如 Richards & Schmidt 1983),自然真实的习得环境,或者说自然真实的会话可以说是习得话语标记语功能的主要途径。

然而，考虑到某个或某些话语标记语或者其某个或某些功能在日常会话中出现的频率较低，其相关活动语境出现的频率低，或者如果某个或者某些话语标记语相关功能的真实语境的输入不充足，其某个或者某些功能习得难度较大。因此，即使在目的语习得环境中，学得这样低频率的话语标记语或者其某个或者某些功能可能同样需要外力的干预，比如教师指导。针对特定话语标记语或者特定话语标记语的特定功能，教师可以提供一定数量真实自然的适当输入场景，这样一方面让学习者有机会在比较适当的语境中习得话语标记语的功能，另一方面教师可以增强学习目标在适当语境中的输入频率。输入频率在语言习得中的作用是不言而喻的。高频率输入可能使学习者注意或者加工学习目标（话语标记语）的概率增加了，使学习目标在工作记忆里得到深加工的概率可能增加，使学习目标可能更快进入长时记忆的概率增加，更可能成为学习者知识库的一部分。可以说，一些特征的外力指导或许能让学习者能更快更好地学得话语标记语。很多学者认识到了这一点。比如，吉 晖（2016）提出话语标记语作为一个复杂的语用现象，除了社会文化互动作为习得话语标记语的主要途径外，教师应依据学习者的语言程度和话语标记语的习得程度，给予第二语言习得者适当指导。相比之下，在外语学得环境中，以中国英语学习者学得话语标记语为例，相比目的语环境（比如以英语为主要媒介的交流语境），某些类型的真实自然的适当目的语输入可能较为有限。因为在中国外语习得环境之下，外语学习者的母语为汉语，与英语为本族语的习得环境相比，外语学习者接触到的自然真实的包含话语标记语的适当目的语输入本身应该是有限的。这种有限性既表现在具备这种特征（自然真实的包含话语标记语的适当目的语输入）输入的量上也表现在输入的类型上，还体现在输入的相关性上。还有，话语标记语的使用可能会受到会话内容，会话语体、会话场合、会话人的个人偏好等的限制，这些在本研究的某些部分已经进行详尽论述。由此看来，外语学习者接触学习话语标记语适当输入的机会较少。关于输入类型，在目的语环境之下，由于语言使用者接触的输入类型其分类标准多样化，也可以说分类标准是无尽的，比如，与日常需要相关的输入，有涉及学习的输入等；有正式场合的输入，有自然的输入等。当然，每个分类标准下的子标准也可以再进行次分类，比如，基于需求标准的任务可以再分类，正式输入也可继续进一步分类。这样的话，分类是无穷无尽的。因而，我们可以说，目的语环境下的输入类型无限化（闫晓宇，2016），而在外语学得环境下，本研究谈到，外语学习者接触到的适当输入的量有限，适当输入的类型相对也可能比较有限，绝大部分外语学习者依赖课堂或者补习班形式学习外语，其他类型输入存在，比如自然交流、视听输入等，但是，外语学得环境之下，由于外语只占据一部分外语学习者生活和学习中的一部分，很可能，它的类型不如目的语环境中的类型丰富，闫晓宇（2016）的研究也提到了这一点。关于输入的相关性，上面谈到自然习得环境中，或许受学习目标在生活中使用频率的影响，对于那些在生活环境中频率低的话语标记语，即使是自然习得环境中的学习者也可能很难获得习得需要的一定量的适当输入，相比之下，在外语学得环境下，受到目的语输入量、输入类型、学习目标使用频率等的限制，外语学习者获得学得学习目标所需的一定量的适当输入的概率很小。

还有，笔者同意闫晓宇（2016）的观点，就与本族语者的接触而言，由于第二语言习得者在目的语环境下工作、学习，与目的语本族语者不得不在各个方面有交集，可以说，随时都会接触目的语本族语者或者说与目的语本族语者的接触是第二语言习得者生活的一部分。在与目的语本族语者的接触中，第二语言习得者真正参与了 Müller 谈及的真正的会话，依据 Richards & Schmidt（1983）的观点，这样的真实会话情景和真实情景的参与会提高第二语言习得者的会话能力。然而，在外语学得环境之下，大部分外语学习者有较少机会接触目的语本族语者。可以说在外语学得环境之下，由于大部分中介语学习者与目的语本族语者交流的机会少，因而外语学得者接触到 Müller 谈到的真正的会话可能很少，借鉴 Richards & Schmidt（1983）的观点，这种学得环境或许不能更有效地提高外语学习者的会话能力。

关于影响话语标记语的微观社会因素，其包含角色、话语场景、权力关系、社会身份等（引自郑群，2014）。关于话语场景，越随意的话语场景，会话者越倾向于运用话语标记语（Biber et al. 2009，引自郑群，2014）。本研究中话语场景的特点比较突出。本研究的中介语语料来源于考试场景，汉语语料的一大部分来自新闻广播，这两类场景都有自己的特点，借鉴郑群（2014）

的观点,这种有特征的场景影响话语标记语的使用。根据郑群(2014)的观点,这些场景(考试场景、新闻广播场景)中话语标记语出现的频率低。另外,依据郑群(2014)的观点,具体场景也影响话语标记语某一项功能使用的因素。由此推断,本研究的大部分特定语料特征会影响话语标记语 you know 的某一个或者某一些功能的使用,或者本研究大部分有特征的语料促进或者阻碍 you know 某一个或者某一些功能的使用。还有,关于具体场景,在政治访谈具体场景中,会话人倾向于运用 I think"肯定并加强说话者的态度"(Simon-Vandenbergen,2000,引自郑群,2014,573)。本研究的汉语口语一大部分是媒体语料,可以说本研究大部分语料是访谈,根据上述学者的观点,这样的访谈场景很可能也对本研究汉语话语标记语"你知道"的功能使用产生了影响,比如,访谈场景可能会促进"你知道"某个或者某些功能的使用,同时妨碍另一些功能的使用,本研究访谈场景可被视为影响"你知道"功能使用的因素之一。

关于社会身份,本研究中介语学习者的语料均为 20 岁左右的青年人,很可能,根据郑群(2014)的观点,正如上文提到的,"你知道"的功能使用情况受到受试者青年人社会身份的影响。根据阴瑛(2008)的观点,受试者的性别和人际距离也影响话语标记语。因而,本研究语料中的受试者的性别或许也是话语标记语 you know 功能使用的考虑因素之一。对于人际距离,本研究语料库的人际距离均为陌生关系,陌生的人际关系也可能影响话语标记语 you know 功能使用。本研究不仅仅证明了郑群(2014)、阴瑛(2008)等的观点:很多微观因素影响话语标记语的使用,本研究中上述诸多微观因素很可能影响某一个话语标记语诸如话语标记语 you know 各项功能的使用。由此可以得出结论:话语标记语的影响因素繁多。另外,上面已经提到,很少有执行单一功能的话语标记语。即使关于话语标记语的相关研究,结论也不一致。比如,关于性别差异研究,研究者的结果不一致。Erman(2001)的研究显示话语标记语 you know 的使用有性别的差异;而 Holmes(1986);Freed Greenwood(1996)等的研究表示性别差异并不影响话语标记语 you know 的使用。因此需要未来更多的实证研究探讨话语标记语的影响因素。对话语标记语影响因素的探讨是重要的。只有弄清楚了话语标记语的影响因素，才能对话语标记语的习得提出针对性的建议。考虑到上述谈到的话语标记语影响因素的多样性和广泛性，对话语标记语因素的探讨也将会是一项艰巨的任务。

五、学得过程中语用迁移的影响

研究结果表明：外语学得者扩展了话语标记语 you know 的功能，同时回避策略也影响了外语学习者对话语标记语的使用，表现在研究语料中没有发现 you know 的某些功能。笔者认为，造成学习者扩展或者回避其功能使用的主要因素或许是外语学习者对目标话语标记语的功能没有完全掌握。问卷显示：对于不能运用话语标记语，受试者声明主要原因是他们不熟悉话语标记语 you know 的功能。语料中没有发现 you know 被用来执行修正功能、维护面子功能、引用功能、核查功能等。可能的原因之一是外语学习者回避了上述功能，回避的原因有多种，未掌握这些功能是可能原因之一。外语学习者没有掌握 you know 某些功能的另一个可能原因之一是母语影响，尤其可能是母语功能近似对等物的影响。虽然话语标记语 you know 和“你知道”功能特性相似，但是它们的功能特性并非完全一致。基于问卷调查结果，当部分中国英语学习者无法使用 you know 时候，他们会下意识地求助于话语标记语 *you know* 的功能近似对等物“你知道”。“下意识”生动刻画了学习者母语对中级外语学习者学得外语的影响，且这种影响可能是不知不觉的。从本研究的结果来看，“你知道”和 you know 的人际功能和语篇功能呈现一一对应关系，很可能，有些外语学习者完全混淆了目的语话语标记语与其母语功能近似对等物。比如，就本研究的语篇功能框架而言，you know 和“你知道”的框架、框架下的子功能差不多呈现对应关系。可以设想有些中国英语学习者或许视两个话语标记语功能几乎完全一致。甚至有些外语学习者估计还把一些新的功能，比如，表示对比，结果等功能强加给 you know。还有，就频率而言，以“引进信息”功能为例，根据 Fox Tree & Shrock (2002)的观点，该功能应该非该话语标记语的主要功能。然而，在本研究的中介语语料库中，话语标记语 you know 该项功能的使用频率很高。可能，中介语学习者母语中的话语标记“你知道”的对应功能影响到了 you know“引进信息”功能的使用。这说明,中介语学习者话语标记语的使用中,频率迁移产生了。

语用负迁移造成的结果之一是外语学习者在运用话语标记语 you know 时候,不当功能出现了,语用负迁移说明汉语本族语者可能只是部分习得了话语标记语 you know 的功能。顺便说一下,中国英语学习者还是能正确使用 you know 的某个或者某些功能,比如,信息共享功能。

六、第二语言习得和外语环境输入的差异

访谈结果显示,高中毕业后在美国学习四年的大学生在与采访人交流的过程中,能够在交流中自如地运用话语标记语,相比之下,两位在国内学习的高中生几乎不使用话语标记语或者说在运用话语标记语方面很困难。研究结果表明外语学得环境和第二语言学得环境促成的话语标记语功能的习得效果差异还是很明显的。根据 Taguchi Naoko(2008)的观点,第二语言习得语境存在多样化的与目的语本族语者交流的机会,学习者可以随时与目的语本族语者交流,多样化的目的语机会有利于学习者语言能力的全面提高。第二语言习得环境与外语学得环境在提供输入的量、输入的质、输入的相关性方面产生不同。具体说明如下:关于语言输入的量,在外语学得环境中,外语学习者接触的目的语输入的量在时间上受到限制。就一位中国高中生而言,每周的学习任务涵盖多个科目:语文、数学、英语、物理、化学、历史、地理、政治、信息等十个科目,以某高中一年级课程第五周(2020 年 3 月 30 日至 4 月 3 日为例)为例,外语学习者在每周的周一、周二、周四上英语课,每节英语课持续 40 分钟(9:30-10:10)。一周的英语课总共 120 分钟,在三次英语课期间,高中生在课堂这个学习环境中获得各类英语信息。课堂之外,学习者可以观看外文电影、电视剧等,也可以阅读各类英文书籍,还可以找机会和目的语本族语者交流等,但是,在中国外语学得环境下,不管怎样,课外获得目的语输入的渠道与本族语环境相比比较有限,在外语学得环境之下,绝大部分外语学习者的母语依然是外语学习者赖以学习和生活

的主要媒介,闫晓宇(2016)也谈到第二语言习得环境中的目的语输入中具备实用性特征。无论外语学习者被营造了多么有利于目的语学得的学习氛围,无论外语学习者有可能接触多么丰富的目的语输入,与目的语学得环境相比,可能,这种学习氛围与丰富度都不及目的语学得环境提供的。况且,高中生学习科目繁多,除了上述提到的科目,还有体育与健身、艺术、信息与科技、生命科学,获得英语输入的时间也比较有限。就本研究的高中一年级学生而言,根据我国高中生的学习情况,每周英语课堂学习仅仅有两个小时,当然获得适当输入的量是很有限的或者说是很不充分的。闫晓宇(2016)在其研究中也谈到,在非自然课堂中,学习者每周至多花费 5 个课时学习目的语,可以说外语习得环境之下,学习者绝大部分时间接触的都是母语输入。

相比之下,在第二语言习得环境之下,笔者曾经调研过一所国外的小学,现在描述一下一位第二语言习得者的经历。他除了课外可能会有机会接触到其母语(汉语)输入,比如,每天放学后他与家庭成员或者其他第二语言习得者获得使用其母语(汉语)的交流机会。闫晓宇(2016)谈及了第二语言习得者收到了大量输入。其他绝大部分时间他接触的均是目的语输入(英语),比如,他上课期间、参加各种娱乐活动期间接触的均为目的语输入(英语)。可以说,他接触到的目的语输入量很庞大,闫晓宇(2016)也谈到与外语环境相比,目的语环境的输入量庞大。最重要的是,第二语言习得环境中,目的语输入形式有其特殊特征,就课堂输入而言,学生的学习科目涉及阅读写作、数学、历史、地理、音乐、体育等。第二语言习得者在执行这些任务的过程中,学习者接触的输入类型呈现其独有的特征。比如,在数学、物理、化学等这样的课堂上,第二语言习得者不但获得该领域的专门知识,还获得了特定形式的目的语输入。比如,在数学课上,在学习计算的同时也接触了相应的语言表达;物理和化学课堂上,第二语言习得者同样获得了专业性目的语输入;在音乐学习过程中,学习者以一种歌唱的形式接触目的语输入;还有,在各种各样的体育和课外活动中,第二语言习得者也获得了某种具体特点的目的语输入。在其他日常活动中,可以获得其他特点的目的语输入。课内第二语言习得者需要运用目的语汲取一部分课本知识,闫晓宇

(2016)也提到,课外学习者需要借助目的语满足生活需要。还可以运用目的语扩大自己的世界知识。可以说,在第二语言习得环境之下,输入以大量的独具特点的形式或者类型如闫晓宇(2016)所言刺激了学习者的多个感官,众所周知,接触输入与吸收输入不相同,由于目的语环境中大量独具特点的输入加工,这样,外语学习者学习目标得到更多加工机会和类型的概率更大,学习目标得到重复加工的几率增加,学习目标得到进一步和多样类型加工的可能性增加,笔者认为,具有上述特点的目的语输入加工促进了学习者更好地吸收输入。而且,在目的语环境中,学习者不仅掌握了多样化的目的语课本知识,还有更多机会接触多样化的目的语世界知识,可以说使用目的语是第二语言习得者成长的一部分。由闫晓宇(1997)的研究成果也可推断出该结论。正如闫晓宇(2016)所言,在输入的量方面,在第二语言习得环境中,学习者收到大量的语言输入,这种输入充斥学习者的生活和工作。关于输入与语言学得的关系,以词汇学得为例,输入不足不利于学习者扩大词汇量,更不利于在输入中对词语与语境进行适当的匹配,如 Umbel & Oller (1994)的研究表明:输入不充分就会严重影响学习者的词汇发展。

在语言输入的质量或者在语言输入的特征方面,根据 Istvâan & Tèunde (2000)的观点,与目的语本族语者相比,语言学习者的语言行为和语篇活动卷入更多的变量。毕竟,在外语学得环境之下,绝大部分外语学得者绝大部分时间浸没于母语文化,受母语文化的影响深刻且广泛。比如,在汉语文化中,如果一位客人被邀请到主人家作客,晚饭结束后,如果主人说"你可以搭乘张三的便车回去",这句话的意义仅止于字面上的意义。在美国文化中,这样的表述是一种聚会后主人有礼貌地催促客人离开的方式,如果中介语学习者不了解目的语文化的这些方面,那么对目的语的运用或许会不恰当(戴炜栋等,2013)。可以说,中介语学习者是否恰当使用语用知识在某种程度上与他们的目的语水平关系并不十分紧密。

正如闫晓宇(2016)所言,外语习得环境之下的语言输入是创设的或者是不真实的,与目的语环境之下的输入有出入或者说有一定距离,由于这种语言输入不是基于交流的实际需要,这些语言材料在外语学得过程中的有效性不能充分发挥出来,原因是这些非真实的输入不能激发学习者的热情和兴趣。比如,第二语言习得者需要购买一些苹果,如果不知道“苹果”的英文表达,对购买苹果会造成干扰,如闫晓宇(2016)所言,此时输入“苹果”一词是基于学习者的生活需求,这样的输入会收到学习者的集中注意(focused attention),众所周知注意与语言学得的关系。相比之下,在外语学得环境中,除非和目的语本族语者有少量机会进行语音或者面对面的交流,受到某些因素的影响,我们外语学习者获得的较大部分输入存在于创设或虚拟的场景中,这样特征的输入很难引起学习者的集中注意,比如,Fung Loretta (2011)谈到话语标记语主要与语篇连贯性有关,在促进语篇连贯性方面起积极作用。根据百度百科,话语标记语本身没有概念意义,若是在虚拟的场景中,话语标记语引起学习者注意的概率更低。考虑到注意与学得的关系(宋秀平,2008),进而,学习者很难学得这样的词汇。可以说外语学得环境中的输入的“虚拟”或者“模拟”特征很可能降低了该类环境输入的有效性。本研究的观点与闫晓宇(2016)的观点一致,闫晓宇(2016)提出第二语言习得环境下的语言输入具有真实性和有效性;外语习得环境中的语言输入与实际生活有出入。这样的输入或许会不同程度上增加外语学得难度。Rothman & Guijarro(2010)以外语学得课堂的反馈为例,提出如果这种类型的反馈与目的语真实生活中的输入有差异,外语习得环境会使习得过程复杂化。

适当语言输入在语言习得中的重要性不言而喻。Krashen(1983)提出只有当语言输入稍微高于学习者现有的语言水平时候,学得才会发生,或者只有当学习者收到“i+1”的输入时候,习得才会发生。在外语习得环境下,外语学习者欲要获得Krashen(1983)所说的“i+1”特征的输入是很困难的,如闫晓宇(2016,70)所言,外语学得者获得的语言输入“存在先天上的不足”。上面已经提到,对于绝大部分外语学习者,母语是生活、学习、工作的主要沟通媒介,相比目的语环境,外语环境中绝大部分学习者接触的目的语输入量可能不十分充分。还有,什么样的语言输入属于学得话语标记语的“i+1”特征的输入呢?首先,我们很难判断外语学习者对话语标记语功能的学得目前处于什么样的状态。虽然问卷显示语言水平对话语标记语的运用有一定关系,但是影响话语标记语运用的因素太多,论述中已经提到,下面结合本研究设计谈谈影响话语标记语学得的因素。问卷显示学习者的目的语语言水平可能会影响话语标记语的运用。两位留学生访谈结果显示:他们在目的语环境里待了四年,能自如地运用话语标记语。相比之下,两位在国内学习的高中生似乎很难运用话语标记语交流,他们在与老师和同学用英语交流的过程中,很少运用话语标记语;准确地说,他们运用目的语话语标记语的能力不足或者说现阶段他们在运用目的语话语标记语方面很困难。

此外,Fouser (1997)还提到了影响语用迁移的其他因素,比如,元语用知识、正规教育、个人偏好、认知变量等等。另外,阴瑛(2008)就谈到了影响话语标记语使用的如下因素:文化差异、性别、地位差异、文体差异、人际距离等。本研究结果显示话语标记语"你知道"在汉语语料中出现的频率低。考虑到语言文化差异,很可能,汉语语言对话语标记语的需求不高,"汉语的意合无须借助词汇语法的衔接手段,仅靠词语和句子内含意义的逻辑关系(或靠各种语境和语用因素)便能构成连贯的语篇"(何善芬,2002,472,引自阴瑛,2008),因而,汉语文化中,话语标记语的使用可能有其特殊的含义,从而不被汉语本族语者使用,如问卷显示:有些汉语学习者抱怨道,话语标记语的使用表明他们不自信或者准备不充分。关于个人偏好,根据问卷结果,大多数学生的反应表明:在话语标记语的运用中,个人偏好也起重要作用,个人偏好是某些人运用某些话语标记语的动机。还有,语体也是影响话语标记语使用的因素之一(阴瑛,2008)。就话语标记语"你知道"而言,由于本研究涉及一部分新闻语料。根据本语料的介绍,本研究的新闻媒体有如下特定特征:特定语言形式涉及独白、对话两种语体;特定语体分为独白和对话,其中独白以播报、谈话、解说、朗读形式呈现,人物对话有四种表达形式:二人谈、三人谈、多人谈;无论是独白还是对话均涉及特定领域、特定栏目、特定主持人等。就特定领域而言,很可能,其影响话语标记语的使用。比如,若新闻报道内容针对某一项科技领域,比如,描述一项科研成果,这样的报道内容中话语标记语的频率可能很低。根据上面谈到的话语标记语的会话属性,由于科技报道的内容互动性不足,这样特征的内容中话语标记语出现的概率很小。至少,根据阴瑛(2008)所言,在正式的语篇中,被用作表达会话人情感和态度的话语标记语的频率较低。关于特定栏目,有些栏目的特点可能影响话语标记语的使用，比如，百度百科显示：有些栏目是陈述型的，如凤凰卫视的时事直通车、凤凰焦点新闻。这样特征的信息可能也不符合话语标记语高频率出现的条件，因而，话语标记语在这样的语篇中出现的概率可能也较小。我们之前已经讨论过话语标记语主要起连接作用。然而，百度百科显示焦点新闻的特征包含简洁、准确、及时，因而，话语标记语使用的频率可能很低。关于时事直通车，百度百科显示其主要功能是叙事事件。根据 Ostman(1982)，话语标记语主要出现在口语语体中，而且这种口语特征通常是即兴表征。显然，时事直通车这类栏目中的叙事事件即兴表达的特性不明显。话语标记语在时事直通车这样的语篇中出现的频率很可能不高。因而，话语标记语在这类新闻栏目中出现的频率可能不高。关于特定主持人，我们之前已经提到，个人偏好是影响话语标记语使用的因素之一(Yang & Chen,2015)。问卷调查也表明了个人偏好在话语标记语使用的影响。比如，在焦点访谈中，根据 Ostman(1982)的观点，该栏目具备即兴表达的特征。然而，由此推断，如果特定主持人倾向于或者不倾向于使用话语标记语，特定主持人的语言表达倾向可能影响话语标记语的使用。本研究语料的语篇正式程度高，由阴瑛(2008)的观点可以推断，从这个侧面也能说明语料中某些部分的特征可能影响了话语标记语"你知道"的使用。还有，人际关系也影响话语标记语的使用(阴瑛,2008)。以本研究的英语语料为例，英语语料的场景是考试场合，会话双方绝大部分为陌生关系。很可能，根据阴瑛(2008)的观点，本语料中这种会话人之间的陌生关系也会影响话语标记语 you know 的使用。本研究中该话语标记语出现的频率很低，很可能也与会话人之间的关系有关。本研究表明：陌生的人际关系中，话语标记语 you know 在外语学习中的使用频率很低。

根据上述阴瑛对话语标记语影响因素的介绍，影响话语标记语运用的因素如此多，正如宋秀平(2008)所言，我们很难界定什么样的输入属于学得话语标记语的"i+1"特征的输入。本研究结果表明话语标记语与学习者语言水平有关系。我们可以界定学习者的语言水平，依据学习者的语言水平界定话语标记语的适当输入，例如，可以运用测试的方式(比如，大学英语四级、六级，专业英语四级、八级等)测量学习者的语言水平，基于这些测试成绩为外语学习者提供相应的目的语输入。然而,话语标记语与学习者语言水平如何关联还需要未来进一步的研究。其实,口语语料输入也有差异,比如,儿童语料库中(CHILDES),根据百度百科,其收集依据多样化,比如,可以依据受试者年龄。就该语料库的汉语语料而言,该部分收集了各个年龄段的儿童语料,包含多个月龄阶段的汉语儿童语料。笔者曾经对儿童语料库深入分析过(未出版论文),就汉语儿童语料库这一部分,不同年龄段的语料差异大。比如,就语气词而言,语气词的使用在不同年龄段的儿童中差异大。这也从一个方面说明了年龄是影响语言表达的一个重要因素,因而,在语料收集中,我们要考虑到年龄这个因素。事实上,学者们已经建立了中学生语料库,大学生语料库等。综上所述,如何找到适当的口语语料也是话语标记语学得的一个难题。

除了语言输入的量、语言输入的质在语言学得的作用外,语言输入的相关性也是至关重要的。即使有了大量的输入,有了高质量的输入,然而如果输入与学习目标的相关性不足,笔者认为对学得也帮助不大。比如,对于话语标记语的学得而言,如果学习者每天进行大量的目的语阅读,即使阅读的量比较充分或者接触的目的语量比较充分,即使这些输入都是原汁原味的目的语输入,如果这些输入均为书面语的输入,这些输入对话语标记语的学得影响不大。原因是书面输入中话语标记语出现的频率可能较低,这一点阴瑛(2008)的研究中提到过。还有,即使学习者每天获得大量的目的语口语输入的机会,然而,由于多种多样的因素,口语输入中话语标记语出现的频率可能很低,那么,外语学习者了解话语标记语功能的机会可能也很小。本研究中提到的这些因素包括:某些话语标记语在语言交流中出现的频率本身就低;会话中的目的语使用者不偏好使用话语标记语;与目的语本族语者交谈内容中话语标记语使用频率低等等。

第二语言习得环境也并非为所有话语标记语提供了最佳的习得环境。对于在日常生活中出现频率高的话语标记语,由于目的语是第二语言习得环境中的主要交流媒介,闫晓宇(2016)提及了这一点,因而,第二语言习得者接触的与目标话语标记语相关的输入可能比例较大,该类话语标记语的高频率特点可能会促使第二语言习得者更可能注意到该类学习目标。高频率的相关输入可能会促使第二语言习得者对其有更多的加工和纵深加工的机会,可能会促进该类话语标记语更好的习得。对于日常会话中出现频率低的话语标记语,或许第二语言习得者接触的输入可能绝大部分为不相关的输入,因而学得这些低频率的话语标记语对于第二语言习得者而言可能并非易事。原因是阴瑛(2008)认为语篇的正式程度影响话语标记语的使用,语言的即时性越强,说话人越需要话语标记语以便更好地组织语篇,"引导听话人的理解方向"(阴瑛,2008,39)。"很多学者认为话语标记语是口语体语篇最重要的特点之一"(阴瑛,2008,39)。

虽然如阴瑛(2008)所言,即使在书面语篇中,如果作者要表达感情,仍然需要话语标记语,原因是话语标记语"体现着语言使用者在进行语言选择时的元语用意识"(阴瑛,2008,39)。然而,话语标记语在书面语中的频率可能较低,如阴瑛(2008)提出,话语标记语运用的频率和语篇的正式性、客观性、严肃性有关,正式性、客观性、严肃性越强,越较少需要表达情感和态度的话语标记语,越不需要"说话人适时的认知参与"(阴瑛,2008,39)。为了学得话语标记语,外语学得环境需要满足适合这类学习目标学得的条件,具体而言,对于话语标记语,外语学习者需要接触大量的,与学习目标有关的,适当的目的语本族语者间的生活会话,比如,学习者可以有意识接触大量的、适当的与学习目标有关的影视节目,就英语话语标记语学习而言,与学习目标有关的适当的美剧,英剧,英语电影、英语电视节目等。根据王初明(2003)的暗示,只有学习者接触到大量的适当音频视频输入,学习者才有可能建立话语标语功能与相关语境的适当连接。因而,仅仅有大量的语言输入和高质量的语言输入还是不足够的,语言输入的相关性对语言学得也是至关重要的。

除此之外,学习目标的频率在语言学得的重要性不可忽视。刚才已经谈到语言输入的量、语言输入的质、语言输入的相关性。事实上,即使学习者接触的输入具备这样的特点,学习者也未必能自然而然会运用话语标记语了。语言输入对话语标记语的习得效果如何,还要看这些目标话语标记语在具备这样特点的语言输入中的频率。在缺乏教师指导下,或者说在缺乏对学习目标正规教学的情况下,只有学习目标在语言输入中达到一定频率,这些学习目标才有更多被进一步加工的机会或者才有被学得的可能性。原因是 Doughty & Williams(1998b,引自宋秀平,2008)对输入流(input flood)的相关研究可以帮助我们了解输入频率与注意和学得的关联。当然,对于在目的语生活和学习环境中出现频率高的话语标记语或者说这些话语标记语在实际生活和学习环境中被频繁使用,很可能,自然习得环境足以让第二语言学习者轻松习得其功能。原因如下:上面已经提到,在第二语言习得环境中学习者接触到的目的语输入量大且很容易获得(闫晓宇提到了这一点),如闫晓宇(2016)所言,在第二语言习得环境之下,学习者随时就可以接触目的语语言输入。而且,学习者获得的目的语输入质量可能也高。在第二语言习得环境之下,根据闫晓宇(2016)的观点,可以推测学习者不但有很多机会与目的语本族语者进行交流,而且第二语言习得者能够接触很多戴曼纯(1997)研究中提到的外国式语言。当然,如果学习目标存在于与学习者实际需求密切相关的输入,考虑到自然环境中的语言输入具备上述诸多优势,对于自然输入中的高频率话语标记语,这样特征的输入可能足以让第二语言习得者较好习得话语标记语,然而,对于低频率话语标记语,考虑到话语标记语本身没有概念意义(百度百科),其本身的物理突显度低,根据 Schmidt 的观点(引自宋秀平,2008),很难引起学习者对其注意,偶然习得它们的可能性小。对于低频率话语标记语,在任何习得环境下,我们可能需要借助课堂教育或其他外力获得相关输入,当然,如果有指导者结合适当语境讲解这些低频率话语标记语就更好了。依据王初明(2003)的研究成果,通过适当的语篇输入,学习者可以在话语标记语的功能和相关语境之间建立适当连接;而且相关语篇量要达到一定程度。由此推断,如果语篇量过少,这种连接不牢固,不利于学习者掌握话语标记语的用法,笔者赞同王初明(2003)的研究暗示,如果学习者欲掌握话语标记语的功能,需要与相关语境结合,这就需要学习者获得大量的音频视频相关输入;而且,学习者需要加强已经形成的连接,需要学习者持续获得相关输入,相关链接才有可能被加强,最终有可能把这种强化的连接固化在学习者的长期记忆中从而牢固掌握话语标记语的功能。然而,如果一个话语标记语在目的语环境中出现的频率低或者目的语本族语者在实际生活和工作中很少使用它,在目的语环境之下，纵然本研究提到目的语输入的量、质具有优越性，但是低频率的话语标记语的学得可能也是困难的，这样，自然习得环境下的目的语输入量、输入质、输入相关性的优越性都显现不出来，因此，笔者认为话语标记语在日常交流中出现的频率也是影响话语标记语运用的重要影响因素。即使在第二语言习得环境之下，频率低的话语标记语被第二语言习得者习得的可能性也很小，更不用说在外语学得环境之下，由于本研究谈到目的语语言输入的量，输入的质，输入的相关性均不足，外语学得者掌握这些频率低的话语标记语功能的可能性或许更小，更难适当运用这些话语标记语。

其次，关于自然习得环境，大家公认在第二语言习得环境之下，第二语言习得者有充分的与目的语本族语者交流的机会（闫晓宇，2016）。根据（Lowie，1998）的对比原则，如果第二语言习得者发现自己的语言表达式与目的语表达式偏离，第二语言习得者会抛弃自己的表达式而选择目的语本族语者的表达式。有学者（闫晓宇，2016）提到，第二语言习得环境中，学习者随时就可以接触目的语语言输入。因此，在第二语言习得环境中，第二语言习得者的中介语表达形式可能有更多与目的语表达形式比较的机会。另外一个原因可能源于口语语体的即时性特点（宋秀平，2008）。上面已经提到话语标记语主要出现在口语当中，话语标记语本身没有概念意义（百度百科）和突显度定义（宋秀平，2008），可以说话语标记语本身的突显度低，根据Schmidt（宋秀平，2008）的观点，被语言学习者注意到的可能性很小或者学习者在语言交流中很难捕捉到该类语言形式。Schmidt 阐明了注意和学得的关系；两者为条件与结果的关系。学得过程包含有意识学得和下意识学得；但是下意识学得对语言学得进程的影响是微不足道的或者说使可以忽略的（宋秀平，2008）。

另外，本研究也证明：自然环境中的话语标记语偶然习得效果因学习目标的频率而异。本研究结果显示：自然习得环境对某些频率低的话语标记语的习得效果可能不明显。第二语言习得者虽然处在目的语环境中，上面已经谈到，目的语输入量大且输入质量高，但是，根据问卷结果，话语标记语属非正规教学的一部分，学习者主要通过口语交流和课外渠道（电影、电视、与本族语者交流等）学习其功能。依据上面描述推断，若有大量的高频率的目的语输入,在会话中出现频率高的话语标记语,偶然习得效果可能会明显;根据 Long(1991)对偶然习得的观点,在焦点是意义或者交流为中心的语篇中,让学习者注意到学习目标,这种"注意是偶然的而非事先安排好的,注意语言形式是源于交际需要"。(宋秀平,2011)。由 Long(1991)的观点可以推断出,缺少交际需要,学习者注意到学习目标的概率很小,而对于出现频率低的话语标记语,鉴于其在交流或者语篇中出现的频率低,学习者在日常交流或者语篇阅读中偶然习得它们的几率很小。

还有,影响话语标记语运用的有些因素可能也不利于话语标记语功能的习得。比如,虽然个别话语标记语在口语中出现的频率不是很低,但是由于受到某些特别因素的影响,在自然习得环境中,第二语言习得者习得某些话语标记语功能的可能性或许也不大。比如,在第二语言习得环境中,以本研究的受试者而言,他们的年龄在 22 岁左右,他们在生活环境中接触到的大多为朋友、同学,可以说,笔者同意学者们(如阴瑛,2008)的观点,他们接触的大多为青年人,如果有些青年人恰好不倾向于使用该话语标记语,那么,第二语言习得者接触到该话语标记语输入的可能性就很小。上面已经提到,无论是学者们观点还是本研究问卷结果,均显示话语标记语有鲜明的个人特点,有些人整体上在语篇阅读和日常交流中可能不喜欢使用话语标记语,或者可能不喜欢使用某个或某些话语标记语,因而,个别话语标记语在自然输入中出现的频率可能也低。可以说,话语标记语习得涉及因素或许比其他语言形式要庞杂得多,而且,最重要的是,很多学者(Liu Binmei,2013)提及话语标记语功能并非课堂教学的一部分。事实上,课堂教学可以对各类知识包括话语标记语知识进行比较系统的梳理,而且以比较适当的方式,使学习者在更大程度上更好地了解和掌握目标语言知识包括话语标记语知识。就话语标记语教学而言,教科书(以新视野大学英语听力第一单元为例)中有一些目的语输入中出现的话语标记语数目可能较大。受到教学时间、教学内容等多方面的限制,教师可能无法讲解课堂上遇到的所有话语标记语。即使教师有条件讲解所有话语标记语,由于一次讲解的内容较多,学习者未必能够掌握。为了克服上述困难,每次课堂授课中教师可以针对课堂情景中出现的重点话语标记语功能进行深入的讲解,这样,学习者即可以对这些话语标记语的功能有较好的了解，为学习者更好地掌握更多话语标记语的功能做好准备。综上所述，第二语言习得者和外语学习者仅仅靠偶然习得很难掌握其功能。

进一步而言，纵然有课堂教学语境，然而，课堂教学在多大程度上促进话语标记语功能的学得也是该领域学者们争论的问题之一。笔者认为虽然话语标记语主要出现在学习者的口语语料（阴瑛，2008）中，课堂教学仍然会促进话语标记语的教学（比如 Liu Binmei，2013），只不过需要注意以下几点：首先，在话语标记语教学材料的选择上，要结合外语学习者现有的语言水平，选择日常生活或者生动情景的多方面适当口语语料。否则，借鉴克拉申（1983）可理解输入的观点，如果教师提供的语言输入中的词汇和语法难度过大，或者说远远超出学习者现有的语言能力，学习者就可能会无法理解会话内容，当然不能透彻理解话语标记语的功能。笔者认为，为了突出学习目标，为了更好习得话语标记语的功能，借鉴克拉申的观点，教学输入的语言难度是一个影响因素，为了让学习者更好理解话语标记语的功能，语言材料的难度应当等同或者低于学习者现有的语言水平。这样特征的输入旨在让学习者把认知努力集中在学习目标话语标记语上，避免笔者（2010）所言给学习者增添额外认知负担。其次，在教学手段上，鉴于话语标记语通常出现在口语语篇中（阴瑛，2008），因而，教师展现教学材料时候，要充分考虑适合话语标记语学得的输入类型的重要性。鉴于视听说输入充分体现了口语的特点，应重视视听说输入在话语标记语教学中的重要性。如何在话语标记语教学中强化试听说输入呢？指导者应该充分运用高科技尽可能生动展现教学片断，实现 Richards & Schmidt （1983）提出的真实情景，如闫晓宇（2016）所言多方位刺激学习者的感官。考虑到上面某些部分提到的话语标记语的低突显度特征，根据 Schmidt 提出的注意与学得的观点（宋秀平，2008），在展示教学材料的过程中，应该设法引起学习者对这些特殊词（学习目标）的注意，具体而言，在视听说输入的过程中，可以巧用字幕、插入音频、显性提示语、暗示语等。在视听说输入中，在很大程度上，这些手段可以较好提高学习目标的外在突显度，根据 Schmidt 的观点（宋秀平，2008），促使学习者有效学得这些学习目标。当然，在实践中，这些手段促进各类学习者对学习目标的效果有待进一步考察。还有,在课堂教授话语标记语的某些功能之后,根据笔者(2010)的观点,学习目标进入学习者的工作记忆并非意味着学得过程已经完成,工作记忆仅提供了操练的机会。就话语标记语而言,操练的任务可能涉及影视会话、模拟会话等,可以要求学习者分析这些会话中目标话语标记语的功能,鼓励学习者依据课堂讲授创造包含目标话语标记语的适当会话等等。这些后续任务具有某些特点。具体而言,后续任务在执行时机、任务特征等多方面都呈现出有利于话语标记语学得的特点,比如,后续任务的形式和内容要提高特定学习者的兴趣以促进话语标记语的学得,后续任务不要如笔者(2010)所言,给学习者增添额外认知负担,只有这样这些后续任务才可能发挥其应有的效果。

七、语用迁移语境说

在外语学得过程中,语言形式功能的相似性对目的语相应语言形式运用的影响也值得深思。依据上面论述,在话语标记语 you know 功能运用的过程中,外语学得者在很大程度上受到其母语功能近似对等物的影响,无论是在频率上还是在各项具体功能的运用上,母语的影响非常大,尤其是母语功能近似对等物的影响非常大;受到母语功能近似对等物的频率的影响,话语标记语 you know 在中介语中的运用频率很低;两个不同语言的功能近似对等物的功能框架基本一致;就每个框架里面的具体功能而言,认知框架中的解释功能和语篇框架中的引进信息功能无论是在话语标记语 you know 的功能框架中还是在其功能近似对等物"你知道"的功能框架中均属于高频率的功能;除了一个功能外,其他的次类功能均一一对应,只是频率有差异;还有,外语学习者不使用 you know 的某些功能和给 you know 增添新的功能,这些现象在某种程度上均可以归结于受到其母语功能近似对等物"你知道"的影响。可以说,本研究中母语中的功能近似对等物影响程度深且范围广泛。或许我们可以依据王初明提出的语境知识补缺假说这样解释,本研究结果证明外语学得者大脑中话语标记语 you know 的语境知识不足,比如,不会使用某些功能,增添新的功能等。在这种情形下,依据王初明(2003)的观点,外语学习者很可能会借用学习者大脑中的母语中功能近似对等物“你知道”的语境知识。本研究结果验证了王初明(2003)的观点,在理解和运用输出目的语知识的过程中,“母语语境知识介入补缺,进而激活与母语语境知识配套的母语表达式”(王初明,2003,3)。中级水平的中国英语学习者话语标记语 you know 的语境知识不足,正如补缺假说所示的那样,在外语学得环境之下,或许外语学得者(至少对于中级水平的英语学习者而言)很难体验到适合话语标记语学得的真实的会话情景,结果可能会如王初明(2003)的研究暗示,很难甚至是不可能获得话语标记语每一项功能对应的语境知识,或者说,我们几乎无法把话语标记语每一项功能与其对应的语境知识匹配起来,换句话说,在外语学得环境中,话语标记语与其语境知识的匹配度很低,至少某些功能的匹配度很低,原因是提高这种匹配度需要依赖目的语语境中的某些真实自然的情景,而外语学得者很难经历或创设具有这些特点的真实自然的会话交流情景。因此,根据王初明(2003)的补缺假说,在这种情况下,我们需要借助于我们的母语,尤其是母语中的功能近似对等物的语境知识,这样,外语学得者即把 you know 与“你知道”的语境知识匹配,从而激活了“你知道”的语境知识,很可能导致了学习者把两者功能进行了不适当的匹配。结果导致了语用语言迁移。

其次,话语标记语的功能特性决定习得其功能的难度大。有学者(Bell 1998,引自 Yang & Chen,2015)已经提到话语标记语均不只是一个功能或者具有多功能的特性。相对于其他的语言类型,考虑到话语标记语的功能特性,话语标记语对语境的依赖性或许更强,可以说,话语标记语的功能与语境知识联系的紧密度或许远远超出其他的语言类型。补缺假说谈到了语境知识在语言习得中的不可或缺作用,考虑到话语标记的多功能性属性(Bell,1998,引自 Yang & Chen,2015),还有上面谈到话语标记语通常出现在口语中,可以推断,语境知识在话语标记语功能的学得过程中或许起到决定性的作用,在目的语本族语者的大脑中,话语标记语的功能与其相应的语境知识或许不仅仅如王初明(2003)所言依赖语境。不仅仅是密切联系,准确而言,话语标记语的各项功能与相应语境或许融为一体。

最后,话语标记语功能的习得需要多样化的语境。外语学得过程中,语言形式运用的适当性一直受到研究者和教学人员的极大关注。关于语境对语言形式的促进作用,很多学者已经认识到了这一点,根据 Tarone & Liu Binmei(1995)的研究,社交环境的多样化促使学习者加快学习者对语言的习得。对于话语标记语的功能习得而言,如王初明(2003)研究暗示的,每一项功能对应的语境知识是不同的,母语习得者正是体验了话语标记语不同功能的不同语境,并且在生活经历中把话语标记语的功能与相应的语境知识反复匹配,如王初明(2003)所言,"掌握一个语言结构所需时间的长短,除了决定于语言结构音形义的复杂性之外,还决定于语言形式是否镀上适当的语境标识。后者需要在语言实践中去反复验证和巩固,最终才导致的熟练运用"(2003,4)。最终功能与相应的语境知识紧紧"系在一起"(王初明,2003,3)。Bell (1998,引自 Yang & Chen,2015)提出话语标记具备多功能性特性。比如,话语标记语 you know 执行人际功能、认知功能、语篇功能。每一大类的功能下面有很多小的功能分类。比如,人际功能包含信息共享功能和信息核查功能,认知功能对应如下四类:提醒功能、解释功能、强调、耽搁等。语篇功能如下:对比、引出话题、结束话题、话题转移、结果、填充词、引进信息。还有,Ostman(1982)述及话语标记语的口语性特征。因而,话语标记语的习得不仅需要语境知识而且对语境知识有更高的要求。

本研究证明:在目的语习得过程中,很可能,母语中的功能近似对等物更容易妨碍或者促进目的语对应表达式功能的习得或者学得。与其他类型的语言形式相比,由于功能近似对等物的存在,很可能,对于某个目的语层级的外语学习者,更倾向于借助母语中的功能近似对等物表达目的语语言对应式的功能。本研究的研究结果即为一个较好的例证。无论是 you know 和"你知道"的整体频率还是几个具体功能的频率抑或功能框架,"你知道"对 you know 的影响范围广且是巨大的。原因可能如下:正如上面谈到的,话语标记语功能的习得复杂且难度大,其复杂性具体表现如下:其在不同类型语料中的频率有异,其功能与语境的联系更紧密,而语境本身如上所述包含许多元素,而且还受到语境之外的多种元素的影响。多种因素或许决定了话语标记语功能习得的复杂性。就话语标记语的习得难度而言,上面已经提到,话语标记语的功能呈现多样化特征,根据补缺假说,每一项功能有其匹配的语境知识，习得话语标记语的语境知识也呈现多样化特性。就话语标记语 you know 而言，在本研究中，其功能总和为 13 项。基于补缺假说，习得 you know 功能至少需要 13 项对应的语境知识。还有，影响话语标记语习得的因素有些方面可能过于复杂，学者们观点也不一致。比如，根据 Erman（2001）的研究结果，成人和青少年英语本族语者在运用话语标记语 you know 的功能类型方面有差异。有些学者，比如，Östman（1981）、Macaulay（2002）认为话语标记语 you know 在女性话语中出现的频率更高。然而 Holmes（1986，引自郑群，2014），Freed Greenwood（1996，引自郑群，2014）等认为性别与语话语标记语的使用没有关联。纵观这些提及的影响话语标记语学得的因素，话语标记语的习得难度可见一斑。

第四章 话语标记语教学

第一节 话语标记语课堂教学

Trillo(2002)、Müller(2005)等指出了外语学得环境中话语标记语的学得或者习得现实:在外语学得环境之下,学习者对话语标记语的知识了解较少,掌握得更少。我国的各个阶段(比如小学、初中、高中)的基础英语教学重在培养学生不同方面的英语基本能力,同样,在某些高等外语教育阶段中,培养听、说、读、写能力仍然是大学教育的重要一环。

在外语学得环境下的各个阶段,话语标记语教学这一部分知识或许均不在课堂讲授范围之内。下面笔者以大学英语听、说、读、写基础能力教学为例,介绍大学英语各个方面的教授内容。关于听力教学,以新视野大学英语视听说教程第一单元(Life is a learning curve)(郑树棠,2015)的教学过程为例,本单元的学习内容涉及学习经历、听信号词、建议、教学方法。听力课堂教授话语标记语的难度之一或许是学习材料的选择。对话语标记语学得而言,其语境构建尤其重要,原因是根据语境假说,话语标记语的具体功能依赖具体语境分析。因而,提供以话语标记语学习目标为中心的语境或者设计与话语标记语相关的恰当任务显得尤其重要。比较完整的适当语境或者教学任务有助于学习者积极、主动、透彻理解目标话语标记语的功能。涉及适当语境或者任务设计的另一个可能难点是语境或者任务的可理解性。有些片段与学习者的生活比较贴近,易于理解;而有的片段属于专业领域,即便有完整的片段,或许学习者缺乏足够的专业知识,学习者也很难理解片段,从而不能较好理解片段中的话语标记语的功能。因此,与话语标记语有关的教学任务设计比较困难。

纵观听力教学的各个方面,很少任务和话语标记语这样的小词相关。其实,听力技巧这一部分可以增添话语标记语学得环节。理由是话语标记语的作用是帮助听话人理解语篇(Sankoff 等,1997)。以新视野大学英语视听说教程(郑树棠,2015)为例,在分享经历,训练实词和短语环节可以增添话语标记语的部分;还有,在听力技巧训练的听力中环节,两次听力填空任务也可加入话语标记语部分,以强化对话语标记语的输出。比如,在听力教程的分享环节,单元题目为 Life is a learning curve。该单元第一部分分享的是主持人的自我介绍,具体介绍她的学习和工作的相关情况。笔者查阅该视频中没有出现话语标记语。由此可以推断,任务类型对话语标记的使用可能产生影响,具体而言,诸如个人介绍这样特征的任务中话语标记语出现的概率可能很低。本研究提及话语标记语在语篇交流中的功能不可忽视。比如,就话语标记语 you know 而言,它的一个功能是解释功能。如果学习者掌握该话语标记语的用法,即使不能捕捉到该话语标记语之前的信息,由于该话语标记语的功能,学习者也能依据它引出的信息推断出 you know 之前的信息。再比如,如果学习者熟悉话语标记语 you know 的修正功能,根据徐飞(2008)对 you know 修正功能的介绍,我们即可以基于该话语标记语精确掌握语篇信息。总之,话语标记语在语篇组织方面的作用值得关注。然而,我们的视听说教材可能缺失这一部分。或许,视听说可被视为教授话语标记语的最佳手段,视听说教程顾名思义涉及多个角度(视、听、说)的教学,比其他类型课程更有可能生动再现各种场景,且能够如闫晓宇(2016)所言刺激学习者的多个感官。之前已经论述,话语标记语主要出现在口语中,且其习得涉及的因素复杂。以语境因素为例,或许在视听说教学中教师更容易生动、全面、深入地分析话语标记语所在的语境,以便学习者更可能透彻深入理解话语标记语的具体功能。同时,考虑到话语标记语在语言交流和语篇理解中的作用(Sankoff 等,1997),话语标记语在视听说教学中的作用值得关注。其实,在视听说教程的编纂阶段,设计话语标记语这一部分可能会很容易。比如,我们可以设计一个片段,该片段包含学习目标,也即,某一个话语标记语的某个或者某些功能,然后,教师根据视频中提供的语境分析话语标记语的功能,让学生透彻了解学习目标的情况,课后教师需要提供后续恰当训练,也即提供恰当的与学习目标相关的音频视频片段,恰当训练的目的如王初明所言,强化话语标记语功能和语境的连接。

关于精读教学,目前的大学英语外语课堂教学中,教师注重多方面知识的输入和产出,这些方面包括语言、文化等多方面的讲解。精读教学通常包含单元选定课文重点语言项目(重点单词、短语、句型等)讲解、单元选定课文分析(每单元约包含两至四篇课文,大多数情况下选定课文 A)、多方面针对性训练项目等部分。语言部分通常聚焦本单元选定讲解课文的重点单词、短语、句式等,并进行相关多角度针对性训练;课文在更大程度上聚焦于比较全面的分析,涉及语言运用,结构布置等等。精读课后练习类型设计通常基于本单元的具体语言项目或者本单元的重点词汇、重点语法结构、重点修辞等。可以说,单元各项训练的突出特点为较强的针对性。

鉴于话语标记语的口语性特征(Ostman,1982),每册课本中会话性质的课文出现的频率可能有限,精读课文书面语体的比率很高,当然,会话性质的课文存在,但是大部分课文很少有会话片段,至多有少量课文穿插一些会话片段,根据话语标记语的特征,在精读课文中话语标记语出现的几率很小。即使课文中出现话语标记语,根据笔者的经验,也可能仅存在于课文插入的简短会话中,且出现的频率可能极低,这样的低频次语言项目如果并非课程讲授重点,或许会很难获得指导者和学习者的关注。可以得出结论:由于精读教学中缺少话语标记语这一块讲授内容,很可能导致话语标记语的学习更加困难。

关于大学阅读课,该课程与精读课不同,对语言项目的关注度比较低,该课程涵盖的范围比较广泛。具体涵盖语言项目学习、篇章分析、阅读技巧等等。阅读技巧训练部分涉及篇章分析技巧、各类题型(比如,主旨题、细节定位题、推理题等)的作答技巧等。考虑到会话性质的阅读材料较少,大多数为书面语体的阅读材料,阅读材料中话语标记语出现的频率可能较低,同样话语标记语很难引起学习者和教师的关注。然而,话语标记语与篇章理解密切相关。Sankoff 等(1997)认为:话语标记语促进了语篇衔接。you know 即为一个极好的例子。比如,话语标记语 you know 的各种功能澄清了篇章中言语之间的关系。话语标记语可以被视为一些信号词,比如,you know 的引用信息功能,如果我们对该功能一无所知,遇到下面的语篇很可能很困惑,以 Tom 和 Mary 对话为例,Tom 说"I have a lot to handle recently. I ran into my high school friend—Peter yesterday. I had thought to invite him to supper. Peter delined me. You know, tonight is time for our family gathering."(我最近很忙。昨日遇到中学同学彼得。本来邀请他吃晚饭,但是彼得婉拒了我。你知道,"今晚我们家庭聚会"。)在上述汤姆的叙述中,如果我们不知道 you know 的引用功能,那么很难弄清楚 our 的指代。如果我们了解该项功能,很容易推断出 our 指的是"彼得和他的家庭成员"。

关于写作课,讲授主题主要涵盖句子、主题句、段落、篇章等。粗略地讲,具体讲授内容如下:句子部分包括各种类型句子的造句,各种类型句子的功能等等。主题句部分讲授涉及主题句功能、各个类型段落的主题句特征等。关于段落,教师会以一些典型段落为例,着重讲解各个类型段落的主要特点,如何展开各个类型的段落,如何选择各个类型段落的论据,如何增强各个类型段落的连贯性,主题句与各个类型段落的关系,等等。关于小短文,同样,教师会讲解各个类型小论文方面的知识,比如,各个类型小短文的写法等。另外,生活中各类实用文体的写作内容也应该是写作课必不可少的一部分,比如各类商务信函的写作方法。鉴于话语标记语多出现于口语语体(百度百科),只有在具有某些特征的段落中,话语标记语才有可能较多出现,大多数情况下,写作教学过程中教师和学习者接触话语标记语的机会较少。

笔者上面简要介绍了大学英语听、说、读、写基本技能的教授。总体上,听说课除外,阅读、精读、写作课基本以书面语语篇输入为主。语篇的正式程度影响话语标记语的使用(阴瑛,2008)。正如阴瑛(2008)所言,因为话语标记语反映了语言使用者在选择语言时候的元语言意识,所以,即使在书面语篇中,当作者需要表达自己的主观感情和态度时候,也会使用话语标记语,而且,语篇越正式,客观性越强,作者越少使用这些表明主观感情的话语标记语。因此,在这三大项技巧的训练中,外语学习者接触到话语标记语的机会可能都很少。笔者也曾教授过多年的听力训练，现谈谈在听说训练中自己的看法。在笔者接触的各类听力训练材料中，笔者很难查阅到测试或者训练话语标记语功能的练习。而且，虽然听力材料是口语性质的，但是考虑到教材本身的性质和教学的需要，这些口语材料可能与实际生活中的生活用语有很大差异。比如，这些口语教学材料的选择或许基于该单元或者教程整体的教学需要，或许受到某些因素影响在很多方面与日常口语不同，虽然如阴瑛(2008)所言，无论在临场表达还是在精心准备的口头语篇中，说话人都不可避免使用话语标记语，但是整体上，话语标记语在听力会话材料中出现的频率受到多种因素的影响或许并不一致。未来研究需要探查话语标记语出现频率高的口语语料的特征，从而设计相关教学或者练习材料以促进话语标记语的课堂学得。笔者的教学经历证明这一点，以中国大学听力课程教学为例，该课程的主要教学目标是提高学习者的听力能力。大多数听力教程中的听力材料量比较大，类型比较繁多。包括会话、独白、视频，音频等。目前我国大学听力课程中的任务类型以多样化为突出特征，比如，理解任务、输出任务等。以新视野大学英语教学的听写任务为例，即使某一种类型的任务也涉及多种类别，比如，听写任务涵盖单词、词组、句子等听写类型，而且，新视野大学英语教学的第一单元听写任务分析表明：听写任务的目标(词汇、短语、句子、段落)均有命题意义，这些任务旨在强化对实词和短语的输出。专门针对话语标记语的训练极少。事实上，听力教学的训练项目每个阶段有不同要求。既包含数字的训练，从教科书(张民伦等 1985)我们可以找到各种类型的数字训练。还有信号词的训练(郑树棠，2015)。然而，这多种多样的训练中，极少话语标记语部分方面的训练。事实上，即使是口语输出片段，某些口语输出片段也可能不出现话语标记语。比如，在新视野大学英语教学(郑树棠，2015)的第一单元为例，该单元的一个主持人在自我介绍环节就没有使用话语标记语，这也说明，并非所有类型的口语输出中都存在话语标记语。或许，具有某些特征的口语输出中话语标记语被使用的概率低。相比之下，具有某些特点的口语输出中话语标记语出现得较多。比如，在新视野大学英语教学的第一单元中，在该单元的最后一个简短的会话材料中出现了 18 个话语标记语。不管怎样，很可能，在外语听力教学中话语标记语训练缺失。

本研究证明:某些类型的口语输出中,话语标记语的频率可能很低。新视野大学英语视听说教程(郑树棠,2015)第一单元的例子表明:陈述性的口语输出不利于话语标记语的输出。本研究的语料也证明了这一点。在本研究中,大部分的语料来自新闻领域,有些新闻的主要特征为陈述性,比如,本研究特定栏目中的《新闻联播》《新闻与报纸摘要》等。由于本研究一部分语料的性质属于陈述性语体,很可能,话语标记语因此使用的频率较低。本研究的话语标记语"你知道"的频率低,这也说明了这类特征的语料对话语标记语"你知道"的使用可能有影响或者说可能对话语标记的整体使用有影响。因而,在听力教学中,由于每个单元中的听力材料可能较多,听力任务可能繁多且任务形式多样化,比如,以新视野大学英语视听说教程第一单元(郑树棠,2015)为例,听力材料类型有个人陈述、访谈、研究叙述等等。因而,每个学习单元中话语标记语出现的数目也可能较多。尤其在某些有一定特点的会话材料中,话语标记语的频率估计还是高的,比如,在新视野大学英语视听说教程第一单元(郑树棠,2015)最后一个简短的会话材料中出现了18个话语标记语。笔者认为听力课程提供了很好的话语标记语学得的机会。比如,对于新视野大学英语视听说教程(郑树棠,2015)第一单元的高频率话语标记语well、mm、so、er,教师可以结合本单元语言教学材料对这些出现频率高的话语标记语功能进行讲解。考虑到课堂时间有限,教师很难讲授课堂中出现的所有话语标记语,而且,对课堂中出现的所有话语标记语进行讲解不但费时费力而且效果可能也不明显。

笔者认为教师应该针对每个单元集中讲解出现频率高的话语标记语,并在讲授过程中及时切换到适当的真实语境,让外语学习者在真实的语境中了解其功能。比如,在下列的话语中,

A:花生是如何生长的?是树上结的果子吗?

B:花生不是树上结的果子。

A:那花生是哪里生长的?

B:花生是在地里长的。

A:你怎么知道的?

B:你知道,我的家乡种植花生。

教师可以依据该会话情景探讨“你知道”在该会话情景中的功能。在该会话中,B对花生的生长情况比较了解,当A询问B怎么知道花生的生长情况时候,B便运用“你知道”解释了他(她)了解花生种植的原因。这样学习者能较好理解“你知道”的解释功能。再比如,

A:我们学院的期末成绩可以查询了,听说许多同学考得不错。

B:你知道,最近有一场音乐会,想去听吗?

在上述会话中,A谈论学院的期末成绩,还评论许多同学获得了好的成绩,B不愿意谈论这个话题,使用“你知道”转换了话题,提及了音乐会的事情。教师可以运用上述会话比较透彻分析“你知道”的具体功能使用情况。学习者可以把话语标记语的功能与相关语境紧密地联系起来(王初明,2003)。除此之外,根据王初明(2003)的暗示,对于课堂上讲解的话语标记语,课后教师可以多找些相关的材料要求学习者课后训练,让学习者把话语标记语的功能与该功能连接的语境牢牢联系在一起。另外,上文已经提到话语标记语是多功能的。根究王初明(2003)的研究推断,教师在讲解一个话语标记语的时候,必须提供多个相关语境,让学习者把每个功能和相关语境联系起来。

听说课给话语标记语教学提供了好的机会。笔者赞同一些学者(Liu Binmei,2013)的观点,课堂教学对于话语标记语的习得而言是必要的。当然,并非所有课程适合给指导者提供机会进行话语标记语教学。比如,上面论述表明:大学的精读课、阅读课、写作课上教师很少有机会讲解话语标记语,相比之下,视听说课应该提供了很好的话语标记语机会。虽然视听说课教学材料或多或少在很大程度上可能大多偏向某些精心挑选的材料,依据阴瑛(2008)的说法,该类口语属于精心准备的口语,但是话语标记语还是会出现的,只是口语的特征影响了会话人使用话语标记语的频率。根据笔者对第一单元材料的分析,在大多数听力任务中,绝大部分情况下话语标记语都不可避免地出现,差异在于不同类别的口语材料中,话语标记语出现的数目不同。

在话语标记的课堂教学中,教学材料的选择是值得关注的事情。在选

取教学材料时候,要注意一些方面,比如,讨论的话题,阴瑛(2008)谈到的口语语境的正式程度等等。根据本研究结果,就讨论的话题而言,有些话题不利于话语标记的使用。比如,相较于日常会话,某些领域或某种特点的科研报告中话语标记语的频率可能较低。比如,如果报告是关于语言学理论,作者在解释相关理论的时候,也可能会使用话语标记语。然而,考虑到会话人会把话语标记语视为一种策略,表达了会话人的犹豫不决(Brinton,1996),而有些科研报告传达比较成熟的观点。这种情况下,鉴于讲话者对科研报告中的观点有比较成熟的认识,在陈述的过程中,很少表现出迟疑不决,因而,或许,讲话者使用某个/些话语标记语某个/些功能的概率较小。关于会话的内容,可能有些会话内容限制了话语标记语的使用。上面已经提到,话语标记语是流利度(Sankoff & Thibault 等,1997)、连贯性(Fung & Carter, 2007)、友好与合作(引自 Liu Binmei,2013)、过度使用引发缺乏信心和理解性(Liu Binmei,2013)等的体现。有些特殊语篇,比如陈述性语篇,可能对语篇的连贯性和可理解性、友好与合作等需求不大,而话语标记语恰好执行这些功能,或许由于这个原因,陈述性语篇中话语标记语出现得较少。还有,问卷中中国英语学习者认为使用话语标记语会让他(她)们觉得不自信,这样的顾虑也不利于话语标记语的使用。汉语语言文字表达的逻辑性较强(阴瑛,2008),由阴瑛(2008)的观点,我们可以推断:或许汉语语篇或交流对于话语标记语的使用需求较小;或许陈述性语篇对语篇的衔接性要求不高,比如,对某个事物的描述,陈述性语篇中语句之间的内在逻辑关系或许足以澄清语句之间的关系,对话语标记语的使用要求不高。比如,产品描述,新闻描述等语料均具有这样的特点。根据阴瑛(2008)的观点,语篇的正式性是话语标记语使用的影响因素之一。笔者的研究也表明:语篇的正式性可能影响话语标记语的使用频率。由于本研究的汉语语料中包含一大部分的新闻语料。鉴于新闻语料中有一部分的新闻播报语料,这种新闻播报具有陈述性特征。很可能,这是话语标记语“你知道”在本研究中频率低的原因。根据对新视野大学英语听力材料第一单元的调查,相对于一问一答环节,自由会话环节中的话语标记语的频率明显增多。陈述性语篇的类型很多,包含新闻播报,多样化的介绍等等。除了陈述性语篇,有些自由对话可能也不利于话语标记的使用,比如,如果自由会话的参与人不喜爱使用话语标记语,原因是个人特征是话语标记语影响因素之一,Yang & Chen 的研究提到了这一点,本研究的问卷受试者也谈到了这个因素。根据笔者对新视野大学英语听力第一单元一个简短自我介绍片段的调查,其中一位会话者使用了四个话语标记语,这个现象说明,话语标记语的个体特征值得关注。阴瑛(2008)谈到语篇的正式性、严肃性、客观性影响话语标记语的使用。考虑到话语标记语的上述特征,为了促进话语标记教学,教学材料应该倾向于某种类型的会话材料。应该多选取非正式的语篇(阴瑛,2008)。考虑到话语标记语的个体特征(众多学者已经谈到这一点)和上述提到的话语标记语的另一影响因素:话题,在选择话语标记语教学材料时候,抑制个体特征对话语标记语使用的影响,选择具有某些特征的会话话题,以确保会话中话语标记语的产出量。

根据王初明(2003)的观点,脱离语境地讲解话语标记语的功能对使用话语标记语用处不大。与其他类型的语言形式相比,话语标记语或许是一类比较特殊的语言形式,话语标记语的功能不仅仅如王初明(2003)所言依赖语境,准确地说,其功能和相应语境应成为一体,可以说,语境使话语标记语的具体功能得以产生。因此,在教学中教师应该创造多样化的恰当语境,使话语标记语的功能习得过程在更大程度上真正成为一个在真实语境中运用话语标记语的过程。

第二节 话语标记语习得优势

研究结果显示国外留学的第二语言习得者可以自如运用话语标记语。然而,语料库分析表明:中国外语学习者在运用话语标记语方面存在诸多问题。本研究表明:第二语言习得环境比外语学得环境有更多优势。戴曼纯(1997)把语言输入分为如下几个类型:教学语言、中介语、外国式语言。就输入类型而言,外语学得环境中,接触的输入主要为戴曼纯(1997)提到的教学语言和中介语输入。课外虽然也有输入渠道,但是课外输入渠道可能有限。在第二语言习得环境之下,目的语输入类型,自然输入占有最大比重,闫晓宇(2016)的研究也暗含了这一点。此外,还有大量的戴曼纯(1997)谈到的外国式语言。众所周知,自然输入是习得一门语言的根本(引自宋秀平,2008),在语言习得中很重要,由Izumi(2003)的研究可以推断出,自然习得环境提供了恰当的语言形式和意义的连接。在外语学得环境之下,学习者在有些情况下是在脱离语境的情况下机械地学习语言形式,以记忆单词为例,如果单词表中缺失相关例句,这样的记忆在很大程度上是纯粹机械性的;如果每个词条下面有相关例句,这些相关例句在某种程度上即为相关词汇提供了某种程度的模拟语境,学习者可以在模拟环境之下对语言形式和意义进行某种程度的匹配。虽然这种模拟语境与真实语境有差异,但是,相对于任何语境均缺失的词条,这种模拟语境可能在某种意义上帮助学习者理解学习目标的意义和用法。这种模拟语境有缺点。很可能,这种模拟语境与学生的实际生活需要关联不大,学习者对这种形式和意义匹配的注意力集中强度可能较低,不利于学习者学得语言形式。对话语标记语的学得而言,在自然输入中,学习者可以把一定频率的话语标记语功能与一定频率的适当语境自然地匹配起来。在外语习得环境之下,由于目的语自然输入量很有限,这与闫晓宇的观点一致,况且话语标记语又为特殊词类,功能和语境进行恰当匹配的机会可能更少。另外,在外语习得环境下,考虑到学习者罕有机会接触戴曼纯(1997)提到的外国式输入。外国式语言输入对习得的有效性或许有时候超越自然语言。原因如下:Krashen(1981)提出可理解输入是第二语言习得的充分必要条件(引自宋秀平,2008,9)。外国式语言是一种简化了的目的语本族语者的语言,通常发生在第二语言习得者能力不足时候(Krashen,1980,引自戴曼纯,1997)。基于第二语言习得者的现有语言能力和地位,调整输入的目的是为了让听话者更好地理解自己(Ferguson,1975,引自戴曼纯,1997)。

另外,调整后的输入不仅如Ferguson(1975)所言,促进了输入的可理解性,这样也降低了输入难度,比如,自然输入中可能出现学习者很难理解的成分,简化输入中目的语本族语者会避开或者对这些成分进行元语言解释,这样一来输入的难度降低了。简化输入的目的是使语言更易理解(戴曼纯

1997)。还有,调整后的输入可能同时也拓宽了学习者的知识面(戴曼纯 1997)。通过目的语本族语者调整后的输入,学习者可以获得解释词语的框架,根据语境推导词语的意义(Hatch,1983,引自戴曼纯,1997)。依据 Hatch (1983,引自戴曼纯,1997)的研究结果,目的语本族语者的调整输入可以让第二语言习得者受益匪浅。比如,借鉴 Hatch 的观点,当目的语本族语者发现第二语言学习者不理解 coast 意义的时候,就会对它这样进行解释,coast, that is,the land beside,near to the sea or ocean(海岸,海滨,引自牛津字典),根据该解释,学习者既明白了目标词 coast(海岸)的意义同时也了解了短语 that is(即)的功能:同位功能。另外,正如 Hatch(1983,引自戴曼纯,1997)所言,目的语本族语者的调整输入让学习者设法理解自己的语言。同时这种调整的输入也扩大了其他方面的知识,例如,特定语言的某些语用语言知识、特定语言的某些社会文化知识等。以英语问候语为例,在英语中,问候的形式多种多样,比如,How do you do? How are you? Hi,Hello 等。其实从严格意义上这些形式均有使用限制。下面笔者以美国中西部某个州的生活经历谈谈 How do you do? How are you? 邀请、感恩节晚餐等的生活实例。当然这些习俗在很多学者(比如网络匿名学者)的作品中或许也被提及过。实际交流中,多数情况下,不管人们是否初次见面,不管是什么场合,英语本族语者可能会以 Hi 作为回应。以 How do you do? 为例,根据书本知识,该短语通常为陌生人初次见面时候的问候语,在大多数情况下,该短语可能很少被使用,英语本族语言者可能会提供调整后的输入,比如,以 Hi 作为问候语回应。其实这是戴曼纯(1997)陈述的外国式语言。英语本族语者的回应是以一种特殊的方式告诉你初次见面运用 Hi、Hello、How are you? 等也是妥当的。还有,依据书本知识,关于 How are you? 通常有这样的模式,

A:How are you?

B:Fine. Thank you. And you?

A:I am fine,too.

然而,在实际的生活中,以某国中西部的一个小镇生活情景为例,当中介语学习者与英语本族语者交流时候,英语本族语者很可能不按照这个模式回应,很可能会提供戴曼纯(1997)陈述的外国式语言:How are you?(您

好)或者 Hi(喂,用于打招呼)或者 Hello(喂,用于问候)。这种回应意味着:How are you? 之后回应的方式多种多样,比如 How are you? 或者 Hi 或者 Hello 均可以用来作答。还有,外国式语言也能使学习者丰富学习者其他方面的知识,比如社会文化知识。比如,在英语本族语文化中,在某些地方,以美国中西部的一个州为例,invitation“邀请”的含义与汉语文化中的不同,比如,在某些地方的英语文化中如果一个人被邀请看电影或吃饭,很可能,付账方式很有特色,与我们国家的付账方式有异。笔者在某一个地方的经历表明:在当地的习俗中,除非邀请人清楚地表明自己为被邀请人付费,其他情况下的“邀请”通常意味着大家各付各的账单,而在汉语文化中,“邀请”具有不同的含义,意味着被邀请人无需付费。有研究应该也提到了这样的习俗。因而当地留学生聚会时候大家有时候遵循当地的习俗。另外,关于赴宴,熟悉当地的习俗很重要。另外,在英语文化中,有些话题为禁忌话题(比如年龄、婚姻状况、个人财产等),不利于与英语母语者交朋友(戴炜栋等,2013),然而,这些禁忌话题并非适用于所有类型与英语母语者的交流。在某些情况下,不同文化的学习者也能一起分享年龄、婚姻状况、个人财产这些话题。另外,在英语文化中,以小学教学为例,教学目标、教学方式等与我国的很可能也有差异。以计算能力为例,国外对小学阶段整体计算能力培养的要求与我国的不同。当然,各个年级对计算能力的要求与我国的也不同。关于赴宴,熟悉当地的习俗也很重要。比如,感恩节导师会邀请学生到家里一起吃饭。关于赴宴的时间和赴宴之后的后续习俗都有一些具体文化特征。在赴宴前,留学生通常需要熟悉当地的习俗。另外,美国人总是习惯运用夸大的做法激励外语或者第二语言习得者,即使你勉强获得一定成绩,外国人可能会用 brilliant(棒极了)、fabulous(极好的;绝妙的)等术语夸奖你的成绩,有学者也提到这一点。总之,在第二语言习得环境中,在外国式语言中,第二语言习得者有可能获得上述诸多方面的解释,第二语言习得者在某些社会语用知识方面也会得到提高。另外,接触外国式语言,我们也可在某些社会文化知识方面得到提高,比如,感恩节导师邀请学生 Alex(英语本族语者)和李红(刚去美国不久)去家里晚餐,晚餐结束之后,导师告诉李明,Alex can give you a lift(你可以搭 Alex 的便车回去)。其实这句话在西方文化中的会话含义是你们该回去了(戴炜栋等,2013)。鉴于李红刚去美国不理解这种会话含义,她可能会讲,I am not in a hurry (我不急。) or I can stay a little longer(我能再待久一些。)。Alex 这时可能会提醒李红,导师的意思是结束晚宴的一种方式。Alex 的提醒相当于一种调整的输入,其功能等同于戴曼纯(1997)所谈到的外国式语言的功能,这种调整的输入扩大了李红的社会文化知识。总之,外国式语言会使我们在很多方面能获得提高。简化输入的宗旨也是增强输入的可理解性(戴曼纯,1997),而可理解输入是第二语言习得的充分必要条件(Krashen,1981,引自宋秀平,2008,9)。相比之下,在外语学得环境之下,外语学得者很少有机会获得戴曼纯(1997)所谈到的外国式语言。因此,上面已经提到,外语学得者接触到的输入要么是相对少量的自然输入,要么是相对少量的中介语输入。

关于自然输入,闫晓宇(2016)谈到第二语言习得者可以接触到大量的自然输入。自然输入的优点不言而喻。闫晓宇(2016)谈到在语言输入的质和量方面,第二语言习得环境下的自然输入有其他类型的语言输入无法比拟的优点。根据闫晓宇(2016)的论述,具体优势如下:首先,输入的量大,第二语言习得者被自然输入所包围,每时每刻都能接触自然输入,这种输入充斥学习者的生活和工作,在输入量上远超外语学得环境;在语言输入的质量方面,自然语言提供的输入均基于真实的交际需要,与学习者的生活工作息息相关,学习者对获得自然输入的热情高,兴趣高,自然而然,学习者对自然输入的关注度高,“心理学有关研究证明:学习者常常在这种状态下,能够实现无意识地识记,更大地发挥潜能,增强学习效果。天然的语言输入拥有更易被学习者习得的潜质”(闫晓宇,2016,70)。本文提到,自然输入可能也有它的缺点,可能并非所有特点的自然输入都有明显的效果,比如,第二语言习得者接触到的自然输入可能未必正好符合中介语学习者的目前需要,或者说这些自然输入中可能未必包含中介语学习者做好认知准备要学习的语言项目。如果自然输入中的语言项目远远高于学习者现有目的语水平或者比学习者现有的目的语水平低得多,根据克拉申的可理解输入假说,这些输入不会较好促进学习者的目的语水平的提高,或者说这样的自然输入促进第二语言习得的效果不明显,因此,有 Krashen 的论断可以推出:自然环境下输入的促进效果可能与学习者现有目的语言水平、学习者中介语与目的语的差异等有关,因而,并非学习者接触到了自然环境下的输入,学得或者习得就发生了,准确而言,只有具有某些特点的输入,比如,适当的或恰好的输入或者说符合学习者现阶段学习需要的输入,可能才会较好促进学得或习得。在外语学得环境之下,上面已经提到,由于母语是主要的交流媒介,相比目的语自然习得环境,外语学习者获得的自然环境输入的量本身很有限,更不用说获得恰当的输入了。关于输入的质量,上面已经提到,外语学习者接触到的中介语输入的量大。就现有的中国外语学得环境而言,以大学英语学习为例,课内外外语学习者交流对象绝大部分为中介语学习者。中介语学习者语言行为和语篇活动涉及的变量多(Istvâan & Tèunde,2000)。根据 Istvâan & Tèunde(2000)的观点,相较于自然输入,中介语输入的质量较差。关于中介语,戴曼纯(1997)认为个体差异性和不稳定性是中介语的特征。同样是中介语输入,教师中介语输入为主的学习模式与以学生中介语输入为主的学习模式的效果不同,已经有些专家学者对该方面进行了研究。Teresa Pica 和 Catherine Doughty(1985,引自戴曼纯,1997)比较了两种类型的输入,发现教师和学生互动的任务中,有较多的合乎语法的输入,而学生和学生的互动任务中,相比之下,合乎语法的输入量小,而这些绝大部分的合乎语法输入来源于教师。强交际教学型教学法认为,仅仅通过交际即可以学得一门语言,事实上,学习者可以通过交际策略绕开需要学得的语言形式,结果证明,强交际观教学最终使学习者的交际能力得以提高,然而,并没有较好提升学习者的语言水平(宋秀平,2009)。很多学者(宋秀平,2009)认识到了强交际观教学法存在的问题。尤其在外语学得环境之下,上面已经提到,外语学习者接触到的大部分为中介语输入,上述学者(如戴曼纯,1997)谈到了中介语输入的特征。当然,如果适当的中介语输入符合外语学习者的目前学习需要或者说适当的中介语输入正好契合学习者目的语与中介语的差异(gap),这样特征的中介语输入的学得效果应该是显著的。然而,如果中介语输入与学习者的学习需要距离较远,则中介语输入对促进学得的效果可能很有限。甚至,外语学习者的中介语会有如下倾向:中介语会长期保留母语中的语言形式,这些语言形式,包含词条、规则和次系统,而且，即使大量的指导和解释也无法都不会改变这种现象，石化现象产生了（Selinker，1972）。就本研究的话语标记语 you know 而言，在外语学得环境之下，话语标记语 you know 的学得受到了学习者母语的广泛影响。话语标记语“你知道”，也即 you know 的功能近似翻译对等物，在运用整体频率、功能框架、具体功能的频率上，均影响话语标记语 you know 的使用，而且，根据问卷调查，当母语为汉语的学习者不能运用话语标记语 you know 时，作为可能选择的可替换策略，21.9% 的学习者会求助母语或第一语言话语标记语的功能，可以说，学习者的母语对话语标记的运用影响几乎是弥漫性的。中介语学习者的母语影响既有积极的又有消极的。有些母语影响促进了外语学得，比如，话语标记语“你知道”本身的“解释”“信息共享”“引进信息”等功能促进了话语标记语 you know 相应功能的学得；而有些母语影响是负面的，比如，受到话语标记语“你知道”的“信息核查”“结果”“对比”等的影响，中介语学习者在使用 you know 时候负迁移发生了。在使用信息核查功能时候语用分布与英语本族语者不一致。中介语学习者赋予 you know 新的功能，比如，表达结果，对比等，导致了语用负迁移。除了这些负迁移现象，在话语标记的运用中还存在策略替换现象。根据问卷调查，当学习者不会使用话语标记语时候，他们会选用各种各样的策略替换。这些替代策略即为外语学习者的权宜之计。大体上，在可选择的多种多样的策略中，34.4% 的问卷参与者（占比例最大）选择他们能力范围之内的替代策略。具体而言，6.1% 问卷参与者会选择英语话语标记语“en”替代；3.1% 的会选择停顿策略；34.4% 的会选择其他的话语标记语，参与者列举的可替换的话语标记语有 well、you see、I mean、ok、let me see 等；9.4% 的会选择肢体语言；25% 的人不选择任何策略；3.1% 的学习者会选择实词替换。关于话语标记语 you know 的功能运用情况，问卷参与者声称：除了个别话语标记语的个别功能，他们不能熟练掌握话语标记语 you know 的大部分功能。外语学得者的这些替换策略在很大程度上并非最佳策略。如果不及时予以纠正，很可能就长久存在于外语学习者的中介语当中，最终会产生话语标记语 Selinker（1972）所言的石化现象。笔者认为克服石化现象的一个最佳手段是调整输入，如果外语学习者或者第二语言学习者能接触戴曼纯（1997）提到的外国式语言,外语学得者或者第二语言习得者的不当言语行为可以得到即时的纠正,目的语本族语者会以各种方式指导他(她)们如何适当地表达自己。比如,在下面的会话中,A:Of course,everyone knows the familiar stories of Titanic(大家熟知泰坦尼克号的故事). B:You know,the nobility of the band playing to the very end and all that(你知道,乐队如此高贵,一直演奏到船只沉没等)。在该会话中,在第二语言习得环境之下,如果第二语言习得者把 you know 换成 I guess,目的语本族语者可能会以某种方式给第二语言习得者予以修正,比如,目的语本族语者运用适当的话语标记语可能会重新表述说话人的话,这样,目的语本族语者以一种隐性的方式修正了第二语言习得者的中介语,从而提高了第二语言习得者的语言水平。可以说,在第二语言习得环境之下,或许存在大量的外国式语言,根据戴曼纯(1997)的研究,很可能,中介语学习者有较多机会修正自己的错误,中介语石化现象发生的概率远远小得多。相比之下,在外语学得环境之下,外语学习者即使有机会接触外国式语言,由于各种因素的影响,这样的外国式语言的量可能也极为有限,而上面已经提到,外语学习者接触的中介语输入的量又大,因而,外语学得环境之下,石化现象的发生频率可能高得多,进而,在外语学得环境之下,学习者不但很少有机会获得简化输入或者外国式语言,而且还很可能会回避不熟悉的语言表达形式。比如,在笔者的研究中,34.4%的受试者会选择其他的话语标记语代替自己不熟悉的话语标记语,参与者列举的有 well、you see、I mean、ok、let me see,等等,回避也是阻碍外语学得的主要干扰因素之一。回避很可能使学习者失去了更多接触学习目标的机会。众所周知,接触学习目标是学得的第一步。考虑到注意在语言学得中的重要性(宋秀平,2008),学习者很难学得这样的学习目标。回避至少不利于外语学习者学得学习目标。在今后的教学中,指导者应设法让学习者避开回避策略。比如,为了学得话语标记语,设计具有某些特征的任务,具有某些特征的任务可以促使学习者使用话语标记语,这样就克服了回避策略。

本研究仅仅局限于一对话语标记语。运用的是语料库涵盖范围有限。未来研究可增加研究对象的数目,扩大研究语料的范围。考虑到本研究的框架和人工分析语料的局限性,希望未来相关研究检验本研究的试验性研究结论。

第五章 结论

一、母语中功能近似对等物“你知道”对学习目标的影响

在外语学得环境之下，受到诸多因素的影响，中国英语学习者不能适当使用目标话语标记语，从而借助其母语功能近似对等物使交流得以进行。在单个话语标记语的整体频率方面，中国英语学习者和英语本族语言者对学习目标的使用差异巨大。中国英语学习者使用 you know 整体频率和具体功能频率均低。功能近似对等物的整体使用频率和个别功能使用频率与功能类型对外语学得产生显著影响。中国英语学习者对 you know 的使用证明了语言间语用层面的共同激活，且这种共同激活对外语学习者使用话语标记语产生很大影响。功能近似对等物对外语对应表达式频率的影响巨大。

关于框架迁移，本研究发现：在使用目标话语标记语的过程中，中国英语学习者或许迁移了其母语中的功能近似对等物的框架，然而，框架里面的功能不管是整体上还是在具体功能上与框架迁移均有所不同。

关于人际功能，本研究显示信息共享功能可以说是 you know 的核心功能。外语学习者基本掌握了该项功能。考虑到核查功能在本研究的实际运用中出现的频率均很低，该功能是否为 you know 和“你知道”的基本功能，有待今后更多的研究去验证。外语学习者母语中功能近似对等物“你知道”的信息共享功能促进了外语学习者运用 you know 的该项功能。或许话语标记语 you know 核查功能在某些语料中出现的频率低，或许是受到“你知道”核查功能频率的影响，you know 的信息核查功能使用过程中，语用迁移产生了负面影响。功能近似对等物的框架迁移存在，但是功能近似对等物具体功

能的频率迁移仅存在于个别功能的使用中。

关于认知功能,语用迁移现象显著。研究结果表明:就“你知道”和 you know 的功能类别而言,或者,就认知功能整体而言,两者并非完全对应关系。除了耽搁功能,其余认知功能类型一致,差异在于频率。在认知功能框架中,语用正迁移的作用比较明显。母语功能近似对等物对中级水平的外语学得影响很大,具体而言,受其影响,中级外语学得者给目的语话语标记语增加或者减少其功能。“你知道”的提醒功能和强调功能证明语言间的语用功能重叠对语用习得产生积极影响。“你知道”的解释功能不仅说明母语语用正迁移的效果明显,还说明高频率功能迁移的可能性更大。中级外语学得者对“解释功能”的运用也表明语言间语用功能重叠推动了中介语学习者外语的发展。外语学得者在学得 you know 的过程中,频率除外,“你知道”的语用功能频率和类型均为语用正迁移发生的主要原因。两个学习目标的认知功能研究表明:核心功能与实际运用未必一致,话语标记语的功能运用不是一成不变的而是处于持久变化之中。由于讨论话题、个人偏好、掌握程度、母语等的影响,中级外语学习者使用 you know 的一些认知功能的频率非常低。在很多方面,每门语言有其具体语言的特点。虽然不同语言间的语言对应式有功能相似之处,但是不同语言间存在两个功能完全一致对应式的概率小。功能近似对等物在两个语言中的语用力不一致。在外语学得过程,受到外语学习者母语的影响,外语学习者把某些外语中的语言形式与语言力进行了不适当的匹配。“你知道”的认知功能整体和具体功能使用频率、语用功能类型影响了 you know 的功能运用。中介语学习者在使用 you know 维护面子、修正、引用信息、提醒、解释、强调方面,频率迁移现象比较突出。有些中级外语学习者语用意识匮乏,完全混淆了不同语言功能近似对等物。中国英语学习者过度使用 you know 的篇章组织功能,还给予其新功能;在外语学习者的会话中,话语标记语 you know 没有实现其在英语会话中应有的语用力。这些新赋予的功能均是外语学习者母语中功能近似对等物“你知道”所具有的功能。

关于语篇功能,很显然,研究结果显示了框架迁移,两个话语标记语的语篇功能框架相同。功能框架频率迁移比较突出。表明在 you know 语篇功能的运用上既有语用负迁移也有语用正迁移。学习者母语中的语用功能类型推进或阻碍了外语中相应语言形式的功能类型学得。在语篇功能框架上,两门不同语言的话语标记语语言对应式的功能框架呈对应关系。本研究中介语学习者过度运用 you know 语篇功能的另一个可能原因是:中级中国英语学习者在其汉语日常交流中,可能偏爱"你知道"的语篇功能。功能类型偏好迁移导致中国英语学习者过分使用 you know 的语篇功能。这种迁移模式既涉及有意识的迁移也涉及无意识的迁移。本研究中中国英语学习者过度使用 you know 的语篇功能很可能也和个人偏好有关。可能受学习者"感知"的影响,有些中国英语学习者在学习目标话语标记语的过程中,迁移了其母语功能近似对等物"你知道"的某些功能。

在外语习得环境之下,迁移已经内化。中级水平外语学习者母语相关知识在很大程度上会对目的语相关知识学得产生潜移默化的影响。中级目的语水平或许是导致迁移内化的因素之一。本研究已经证明了话语标记语具有鲜明的具体语言的特点。中国英语学习者在运用话语标记语过程中语用迁移产生了弥漫性影响。在外语习得过程中,与其他类型的言语行为或许不同,话语标记语的学得过程中语用迁移量与中级目的语水平阶段关联较大。中国英语学习者学得话语标记语的过程呈现一个三角形状态。低级和高级外语学得者在使用目标话语标记语时候,语用迁移量几乎为零,或者准确而言,量很小。中级外语学习者在使用话语标记语的过程中语用迁移量最大。

话语标记语的发展呈动态性。很可能,某些语言形式的概念表征也会发生变化;外语或者第二语言学习者的记忆表征可能会变化,话语标记语的功能可能也会随之变化。语言中会出现新的语言形式,话语标记语 you know 和"你知道"或许会拥有新的功能。这种语用负迁移驱动语言的变化。

关于功能类型迁移,由于学习者母语功能近似对等物的影响,中国外语学习者对话语标记语 you know 功能的重视程度不同。"你知道"和 you know 的信息共享(information sharing)、引进信息(introducing information)、解释(explanation)均为两个话语标记语出现频率高的功能。"你知道"和 you know 这些功能可能最受中国外语学习者欢迎。本研究功能类型的迁移比较明显，两个话语标记语"你知道"和 you know 的功能特征基本一致（"耽搁"除外），功能类型多样化。本研究证实，you know 可能还有如下重要功能：解释、引进信息、填充词功能。或许，提醒功能也为其主要功能之一。另外，它有很多其他的边缘功能。至少在媒体语料为主的语篇中，"你知道"的语篇功能被汉语本族语者频繁使用或者受到汉语本族语者的欢迎。

话语标记语的功能运用呈现这样一个模式：以某一个或者某几个稳定的核心功能或者核心语用功能为主，多个边缘功能为辅的运用模式。以话语标记语 you know 而言，母语为汉语的英语中介语学习者的功能运用模式可以这样描述：以信息共享、解释、填充词核心功能或者核心语用功能为主，多种边缘功能（提醒、强调、耽搁、对比、引出话题、话题转移、结束话题、结果、填充词、引进信息等）为辅的功能运用模式。汉语话语标记语"你知道"的运用模式可以被描述作：以引进信息、引出话题、解释功能核心功能或者核心语用功能为主，多种边缘功能（表示结果、强调、话题转移、结束话题、填充词、对比、提醒等）为辅的功能运用模式。从两个话语标记语的功能运用模式，可以发现两个话语标记语"你知道"和 you know 的核心功能有其相同成分，或者说有重叠度。对于学习者母语中有功能近似对等物的话语标记语而言，其学得过程受母语的影响比较明显，而对于母语中缺乏功能近似对等物的话语标记语，其受母语的影响未必很大。其外语学得过程可能呈现不同的特点。中介语学习者的母语影响目的语中相应话语标记语的学得，有些目的语话语标记语可能得益于母语功能近似对等物的促进作用，中介语学习者对其功能掌握较好；而有些话语标记语受多种因素（缺少功能近似对等物、缺少正规教学指导、无命题意义）影响，中介语学习者对其功能掌握较差。

二、语言偏好的影响

语用迁移的一部分为个体学习特征的迁移。在语用成分的使用中，个人偏好是重要影响因素。外语学得者只能使用少量的话语标记语和少量话语标记语的个别功能。中国英语学习者偏爱 you know 的某些功能，话语标记语 you know 的某些功能使用受到了较大范围的限制。关于功能偏好,外语学习者或许倾向于使用一个话语标记语的某个或某些功能。很可能,汉语本族语者对话语标记语“你知道”的功能类型和各个类型下具体功能的使用偏好影响了 you know 的使用。

三、偏爱的数目和功能有限、总体偏好相似

无论是中国外语学习者还是英语本族语者偏好数目有限的话语标记语。中国英语学习者和英语本族语者在使用 you know 的功能方面有重合的,也有不一致的。中国英语学习者和汉语本族语者使用 you know 和“你知道”重叠功能的频率不同。中国英语学习者使用相对有限的 you know 功能类型。中国英语学习者经常运用的功能类型数目受到限制。中国英语学习者和汉语本族语者使用 you know 和“你知道” 功能的时候展示出大体相似的功能偏好倾向。他们对话语标记语 you know 和“你知道”的功能选择集中于几项,每项功能频率不同。

四、话语标记语个人特点

影响话语标记语习得的重要因素之一是个人偏好。中国英语学习者和英语本族语者对 you know 使用的倾向不同。在某种意义上,有些中介语学习者的个人喜好促进或者阻碍其使用目的语话语标记语。本研究表明外学学习者不仅倾向于使用某个或者某些话语标记语,而且可能会倾向于某个或者某些话语标记语的某个或者某些功能。本研究还表明:单个话语标记语的功能运用呈现出鲜明的特征。具体而言,可能受到外语学习者母语功能近似对等物频率迁移或者外语学习者个人偏爱的影响,中国英语学习者偏爱 you know 和“你知道”的引进信息功能和解释功能。话语标记语 you know 的某些功能类型和功能频率受到其母语对应式“你知道”的影响更显著。更进一步讲,学习者个人因素引起的迁移常为语用负迁移;核心功能或者功能高频率引起的迁移常为语用正迁移。中国英语学习者难以适当传达

you know 的语用表达力。中国外语学习者和英语本族语者不仅在 you know 使用频率上存在差异,而且中国外语学习者过度使用 you know 的某些功能(解释、引进信息、填充词功能等),较少使用 you know 的提醒功能、核查功能。很可能,中国外语学习者很难在语境中选用适当的话语标记语。在很大程度上中介语学习者的母语影响其对某一个话语标记语功能的偏爱。

本研究证明:中国外语学习者偏爱话语标记语 you know 的信息共享功能、引进信息功能、解释功能、填充词功能。偏爱的这些功能类别多样化,涉及人际功能、认知功能、语篇功能。这些功能本身没有共性,若有共性特征的话,也即,这些被中国英语学习者偏爱的功能均受到其母语的影响比较大,频率迁移比较突出。本研究显示母语功能近似对等物的高频率迁移比较显著。中国英语学习者和英语本族语者在运用话语标记语 you know 方面各有不同特色,偏好一个话语标记语的不同功能。

五、母语近似对等物对各个功能的不同影响

本研究证实对于目标话语标记语的各个具体功能而言,母语功能近似对等物对其习得产生的影响不同。虽然两个话语标记语"你知道"和 you know 整体框架一致,但是母语对应式对目标话语标记语具体功能的影响既有正迁移也有负迁移,而且,这种正迁移和负迁移与母语功能近似对等物的功能频率关联不大。本研究证明了一些因素(语篇的正式性、年龄段、人际距离、社会阶层)可能影响使用话语标记语的数量、类别或者也可能影响某一个话语标记语某个或者某些功能的使用。

六、话语标记语习得中的多个影响因素

功能近似对等物,语境意识,正规教育在话语标记语习得过程中起不可忽视的作用。母语功能近似对等物促进外语学习者建立 you know 词注节点。话语标记语的功能特征为多功能性。单个话语标记语的功能对应适当的语境。适当的相关语境是学得话语标记语相应功能的条件或者学得话语

标记语的功能需要在某种程度上经历相关的语境。

七、教育匮乏

话语标记语的多功能性使话语标记语功能的学得更加复杂,从而增加了话语标记语的习得或者学得难度。多个不同话语标记语虽然可能会执行同一项功能,但是它们的功能表达或许会存在细微差异,这样就会增加学得难度。另外,话语标记语习得是复杂的。其复杂性表现在:一个话语标记语通常表达不止一项功能,而且多项功能对应多项语境。或许由于话语标记语在交流中的非不可或缺性、正规教育缺失、本身突显度很低,外语学习者没有对话语标记语功能有较好的掌握。外语学习者缺少一个话语标记语的系统习得过程。由于话语标记语的多功能性和影响因素的复杂性,在外语学得环境之下,话语标记语教学指导是必要的。在外语学得环境下,外语学习者接触到目的语输入的机会少,接触到适合学习目标的适当输入的机会更少,因而,可能只有通过外力中介语学习者才有可能使用适量的相关输入学得学习目标。自然习得一个语言形式应该对语言输入的量、质、学习目标的频率等都有某种要求。考虑到话语标记语的口语性特征和真实情景在话语标记语学得中的重要性,话语标记语学得需要把课堂教学与真实自然的习得环境结合起来。要充分认识到真实目的语听说材料对话语标记语的习得的重要性。

八、过度概化

研究结果表明:学习者已经过度概化了话语标记语的功能。由于多种多样的可替换策略,某个或者某些话语标记语很容易被过度使用。受到对话语标记语 you know 功能的掌握程度、学习者认知宽度的影响,中介语学习者在使用话语标记语 you know 时候,过度概化现象会发生。在外语习得语境下,由于各种干扰变量,外语学习者掌握一些语用行为的语用力是很困难的。虽然外语学得者有可能偶然学得话语标记语的功能,但是,由于缺乏有意识的训练,外语学习者熟练掌握其功能是很难的。很可能,在使用某些话语标记语时候,过度概化现象在某一层次语言能力的学习者中比较突出或者只存在于该层次语言能力的中介语学习者中。外语初学者的语言能力还不足以使他们驾驭目的语话语标记语,过度概化现象很可能不会发生;高层次的第二语言习得者接受高频率的适当输入、拥有高层次的目的语语言水平和丰富的目的语经历,他们在使用目标话语标记语的过程中,过度概化发生的概率也很小。

九、跨语言语用意识或者感知匮乏

在本研究中,在外语学得过程中,语用意识缺乏问题突出。本研究也间接证明了语用知识习得过程的复杂性和主观性。由于外语学习者形成的错误认知,语用意识不足或者欠缺导致外语学习者很可能会视 you know 和“你知道”的功能一致。本研究也证实学习者的感知是影响语用迁移的元素之一。我们应该对话语标记语 you know 和“你知道”的功能持相对的观点,虽然两个话语标记语的功能有相似之处,但是这两个话语标记语的功能有其独有的特征。如果持有普遍的观点,那么外语学习者将会很难辨识这两者的功能。可以推断,对于各类语用行为的习得或者学得,这种普遍的观点应该是适当的。其实,除了话语标记语的习得,语用迁移应该还作用于其他的言语行为的习得过程。外语或者第二语言言语行为运用过程中的突出语用迁移现象源于外语或者第二语言习得过程中的跨语言意识或者跨语言意识不足,也即,外语学习者在运用言语行为策略时候下意识地依赖于已经习得的策略。

十、语言水平

关于语言水平的重要性,本研究证明学习者的语言水平与学习者话语标记语的使用存在某种关联。外语学习者使用话语标记语需要拥有一定的目的语能力。在中级阶段的外语学得者中语用迁移量最大;真情实景丰富的语言经历是影响话语标记语学得的重要因素。无论外语学得者的目的语水平多高,缺少真情实景丰富的语言经历,外语学得者也会在使用话语标记语方面有困难,或许不能自如使用话语标记语。本研究表明学习者的语言能力与语用迁移有关联;话语标记语不同于其他语用行为的突出特征表现为话语标记语的学得具有阶段性特征。本研究结果显示话语标记语的学得过程中外语学习者会经历很多变化。

与第二语言习得者相比,除非中级水平的外语学习者语言使用的丰富度达到一定阶段,整体上,他们只能适当使用有限的话语标记语和单个话语标记语的功能而且使用的自由度较低。一门语言话语标记语的习得过程或许形成一个连续体。不同的话语标记语占据这个连续体的不同位置。外语学得者较晚习得处于连续体较末端的话语标记语。同理,一个话语标记语的功能习得过程也或许形成一个连续体,该话语标记语的不同功能占据这个连续体的不同位置。一个话语标记语的某个或者某些功能或许处于这个连续体的较末端,处于较末端的功能学得的较晚。中级外语学习者不能适当使用 you know 的所有功能,不能适当运用所有阶段的话语标记语。本研究结果证明:外语学习者的语言水平对外语学习者的语用能力产生了积极的影响。就话语标记语的功能学得而言,在外语学习初始阶段,语言能力或许限制了话语标记语的使用。

十一、回避

由于学习者对话语标记语的语用意识不强或者错误的认知或者不正确的语用态度,外语学习者在使用话语标记语的过程中倾向于使用回避策略,不利于学习者学得话语标记语。同时也说明部分中级外语学习者没有做好心理准备使用话语标记语。一些内部因素,比如,语言能力、个体偏好、语用意识等,为中介语学习者使用话语标记语的主要影响变量。中级外语学习者(中国英语学习者)的语用意识匮乏或缺乏,在语言使用中存在话语标记语的许多替换策略。外语学习者使用话语标记语的过程中学习策略很突出,这也是外语学得过程中的运用特征。影响话语标记语功能学得的重要因素之一是话语标记语的个体特征。

十二、语用迁移不可避免

教师指导或许能抑制或者消除母语对话语标记语的弥漫性影响。课堂讲授有助于学习者弄清楚两者的具体功能,加快外语学习者理解和掌握话语标记语功能。或许,自然习得话语标记语的功能需要满足如下条件:一定的时间和适当的语境。外语学得语境很难满足这个条件。学得过程中语用迁移的影响,外语学习者对目标话语标记语的功能部分习得或许为学习者扩展或者回避其功能使用的主要因素。

十三、程序性知识影响话语标记语的习得

功能的部分习得或者完全没有习得是语用迁移的根本原因。学习者长时记忆中的固有知识或者处于程序性知识状态的知识下意识影响外语学习者使用话语标记语 you know。

十四、习得话语标记语功能的艰难过程

话语标记语在多数交流场合的非不可或缺性使外语学习者学得话语标记语功能的动力不足。第二语言习得环境之下基于生活实际需要的“迫使”在更大程度上会积极推动第二语言习得者使用目的语;在很多情况下实际生活需求并非外语学得环境之下的动机。

十五、话语标记语本身功能复杂性

具备目的语方面的综合性知识是较好分析话语标记语在语境中功能的条件。学得或者习得话语标记语的主要途径是自然真实的习得环境,或者说自然真实的会话。即使在目的语习得环境中,外力干预也是学得低频率

的话语标记语或者其某个或者某些功能的必要条件。

在外语学得环境之下,外语学习者接触到较为有限的自然真实的适当目的语输入。这种自然真实的包含话语标记语的适当目的语输入在输入的类型、输入的量、输入的相关性上均为有限。还有,会话内容,会话语体、会话场合、会话人的个人偏好等也限制了话语标记语的使用。在外语学得环境下,由于目的语输入量、学习目标使用频率等等的有限,外语学习者获得适当目的语输入的概率很小,外语学得者很少接触到的真正的会话,因而外语学得环境不利于外语的学得。话语标记语影响因素具备多样性和广泛性特征。

十六、第二语言习得和外语环境输入的差异

第二语言习得环境与外语学得环境的不同表现在输入的量、输入的质、输入的相关性方面。在外语学得环境中,关于目的语语言输入的量,外语学习者在时间上受到限制;关于目的语语言输入的质量,中介语学习者获得的输入存在更多的变量。语言输入的相关性对语言学得是至关重要的。高频率的相关输入促进了对学习目标的深加工。语言输入的量、质量、相关性对语言学得是至关重要的,然而,这样特点的输入未必是学习者自然而然会运用话语标记语的充要条件。学习目标在适当输入中的频率对话语标记语的习得效果不可忽视。在缺乏正规教育的前提下,学习目标在语言输入中的一定频率是学习目标被学得的条件之一。自然习得环境足以让第二语言学习者轻松习得在目标语语言输入中出现频率高的话语标记语。如果与学习者实际需求密切相连的输入中存在学习目标,由于自然环境中的语言输入具备诸多优势,这样特征的输入足以让第二语言习得者较好习得自然输入中的高频率话语标记语,然而,偶然习得低频率话语标记语的可能性小。课堂教育或者其他外力较好促进低频率话语标记语的学得。学习目标的频率影响自然环境中的话语标记语偶然习得效果。考虑到目的语语言输入的量,输入的质,输入的相关性,在外语学得环境之下掌握这些频率低的话语标记语功能的可能性更小。

受到多种因素的影响,即使在自然习得环境中,对于个别频率高的个别话语标记语,第二语言习得者或许不容易习得某些话语标记语的功能。第二语言习得者和外语学习者仅凭借偶然习得很难掌握话语标记语功能。话语标记语的教学要结合外语学习者现有的语言水平,选择日常生活或者情景的口语语料。教学手段充分考虑到视听说输入的重要性。为了巩固和加强学习成果,课堂教授话语标记语的某些功能之后,还要采取后续行动,后续任务是学得过程的重要环节,后续任务的执行时机、任务特征具有呈现出一定的特点。对于每个单元出现频率高的话语标记语,教师或许应该集中讲解,在讲授过程中,及时切换到适当语境,真实的语境有助于学习者理解其功能。

视听说课是学习话语标记语的好机会。在讲解一个话语标记语的时候,要强调提供多个相关语境,加强每个功能和相关语境的联系。话语标记语教学材料的选择需要需要考虑到讨论的话题、会话的内容、语体、内容、个体特征等,这些元素可能会限制话语标记语的使用。陈述性语篇和某些自由会话中话语标记语出现的频率低。鉴于话语标记语的功能和相应语境成为一体,可以说,话语标记语的具体功能因具体的语境才得以产生。在教学中创造多样化的语境是必需的,习得话语标记语的功能过程即为一个在真实语境中运用话语标记语的过程。

十七、第二语言习得环境优势

第二语言习得环境之下的输入类型多样化:丰富的自然输入、丰富的外国式语言、少量的中介语输入;在第二语言习得环境中,学习者可以自然而然地把话语标记语功能与适当的语境匹配起来;外国式语言输入对习得的效果或许超越自然语言。外语习得环境之下的输入为:少量的自然输入、少量的中介语输入、大量的中介语输入;外语习得环境之下的模拟语境可能脱离了学生的实际生活需要,学习者较少集中这种形式和意义的匹配,对外语学习者学得语言形势不利。自然输入的优点如下:自然语言提供的输入质量好,与学习者真实的交际需要息息相关。自然输入获得学习者的关注度高。自然输入的可能缺点在于并非所有的输入符合学习者现阶段的学习需要,较好促进学得或习得的输入为适当的或恰好的输入或者说符合学习者现阶段学习需要的。

在第二语言习得环境之下,大量的外国式语言使中介语学习者总有机会修正自己的错误,因而,中介语石化现象发生的可能性远远小得多。相比之下,在外语学得环境之下,由于极为有限的外国式语言,况且外语学习者接触大量的中介语输入,石化现象发生的概率高得多,进而,外语学习者获得简化输入或者外国式语言的机会不但少,而且还很可能会回避某些语言表达形式。指导者应该设法帮助外语学习者避开回避策略。特定任务的设计鼓励学习者使用话语标记语。

参考文献

[1]蔡翔凤. 话语标记"就是说"与"I mean"的跨语言对比研究[J]. 兰州工业学院学报,2014(02):78-81.

[2]陈伟. 中、英大学生英语写作中话语标记语的使用情况——一项基于CLEC与Lucy语料库的对比研究[J]. 河北理工大学学报:社会科学版,2009(04):182-184.

[3]陈新仁,吴珏. 中国英语学习者对因果类话语标记语的使用情况——基于语料库的研究南京大学[J]. 国外外语教学,2006(3):38-41+封三.

[4]戴炜栋,何兆熊. 新编简明英语语言学[M]. 上海:上海外语教育出版社,2013.

[5]戴曼纯. 语言输入的类型及特点[J]. 湖南大学学报:社会科学版,1997(2):70-74+80.

[6]樊庆辉. 俄罗斯留学生主观情感类汉语话语标记语习得研究[D]. 长春:东北师范大学,2011.

[7]范红,李晓利. 负语用迁移对外语学习和跨文化交际的正面影响[J]. 清华大学学报:哲学社会科学版,2001(5):51-55.

[8]冯光武. 汉语语用标记语的语义、语用分析[J]. 现代外语,2004(1):24-31+104-105.

[9]冯洁茹. 话语的连贯与联系_话语标记语作用[J]. 中国矿业大学学报:社会科学版,2009(2):132-136.

[10]冯静,孙明明. 英语话语标记语的元语用意识分析[J]. 大庆师范学院学报,2014(4):96-98.

[11]傅利,修文心. 特蕾莎·梅演讲词话语标记语的功能分析[J]. 外语教育

研究,2019(2):49-55.

[12]傅静玲.《老友记》中话语标记语 you know 的语用功能[J].蚌埠学院学报,2012(6):84-87.

[13]郭姗姗.跨文化交际中的语用迁移和身份构建[J].西南科技大学学报:哲学社会科学版,2016(5):50-54.

[14]黄春兰,王晓.中国英语学习者请求和道歉言语行为中的语用迁移[J].福建师大福清分校学报,2009(4):53-60.

[15]黄明俊,孙南南.英语话语标记语听力教学模式探析[J].校园英语,2019(16):20-20.

[16]黄旻婧."那么"语法化的历时考察[J].现代语文:下旬.语言研究,2014(11):60-63.

[17]吉晖.汉语二语习得语篇话语标记使用考察 [J].海南师范大学学报:社会科学版,2016(8):114-120.

[18]李雪,李委.英语专业学生话语标记语使用情况之实证研究[J].沈阳大学学报,2010(05):89-91.

[19]李静.连贯理论与关联理论对话语标记语的分析比较[J].重庆第二师范学院学报,2014(1):67-72.

[20]李海艳.《绝望的主妇》中话语标记语"So"的语用功能及其翻译[D].成都:西南交通大学,2008.

[21]李婧.话语标记语 anyway 的语用功能分析[J].吕梁学院学报,2012(1):27-30.

[22]刘丽艳.话语标记"你知道" [J].中国语文,2006(5):423-432+479-480.

[23]路荣.话语标记语语用功能的多样性及翻译的灵活性[J].呼伦贝尔学院学报,2005(2):9-12.

[24]吕懂琼.基于语料库的高中英语教师话语标记语使用研究[D].重庆:重庆师范大学,2018.

[25]卢婷.留学生口语中"然后"的使用情况考察[D].福州:福建师范大学,2014.

[26]卢加伟. 语用迁移的影响因素研究述评[J]. 中国海洋大学学报:社会科学版,2010(2):101-105.

[27]马卉. 二语习得研究与外语教学[D]. 哈尔滨:黑龙江大学,2004.

[28]冉永平. 话语标记语 you know 的语用增量辨析[J]. 解放军外国语学院学报,2002(4):10-15.

[29]宋秀平. 突显、输出和注意[D]. 上海:上海外国语大学,2008.

[30]宋秀平. 中国英语语言教学模式新探索[J]. 中州学刊,2009(6):237-240.

[31]宋秀平、戴炜栋. 突显、输出和注意[J]. 外语与外语教学,2009(10):5-9.

[32]宋秀平. 突显、输出与词汇习得[J]. 外语教学,2010(2):44-48.

[33]宋秀平. 焦点式语言形式教学之注意研究[M]. 上海:复旦大学出版社,2011.

[34]宋秀平. 语用视角的汉语话语标记词"你知道"的功能 [J],兰州学刊,2011(4):106-108.

[35]宋秀平. 话语标记语 you know 在外语学习中的语用迁移及其原因分析[R]. 复旦大学博士后研究工作报告,2011.

[36]唐丽玲. 中国英语学习者书面语中推导性话语标记语使用情况调查——一项基于语料库的调查[J]. 兰州石化职业技术学院学报,2011(02):74-77.

[37]陶红印. 从语音、语法和话语特征看"知道"格式在谈话中的演化 [J]. 中国语文,2003(4):291-302+383.

[38]王绍斌,李玮. 拒绝言语行为的语用迁移研究——一项实证考察[J]. 外语学刊,2007(4):77-81.

[39]王晓楠. 话语标记语 I mean 的语法化研究[D]. 秦皇岛:燕山大学,2016.

[40]王淑侠. 英语阅读中话语标记语的语篇连贯功能[J]. 武汉船舶职业技术学院学报,2012(6):129-131+135.

[41]王初明. 补缺假设与外语学习[J]. 外语学刊,2003(1):1-5+112.

[42]汪静波. 陈述性知识和程序性知识与第二语言习得[J]. 河北理工大学学报:社会科学版,2011(1):165-167.
[43]王立非,祝卫华. 中国学生英语口语中话语标记语的使用研究[J]. 外语研究,2005(3):40-44.
[44]王瑞. 中国英语学习者转折类话语标记语的使用调查——一项基于语料库的研究[J]. 陇东学院学报,2013(01):120-121.
[45]魏玉燕. 语用迁移及其对英语教学的启示[J]. 上海交通大学学报:社会科学版,2001(2):109-113.
[46]吴亚欣. 话语标记语的元语用分析[J]. 外语教学,2003(4):16-19.
[47]熊薇薇. 中国学生话语标记词使用状况研究[D]. 杭州:浙江大学,2006.
[48]徐飞. 关联理论和话语标记语 you know 的语用功能[J]. 湖州师范学院学报,2008(6):67-70.
[49]徐捷. 中国英语学习者话语标记语 you know 习得实证研究[J]. 外语教学理论与实践,2009(3):28-34.
[50]闫晓宇. "自然环境中的语言输入"对第二语言习得的重要性[J]. 读书文摘,2016(4):69-70.
[51]杨世登,刘凌子. 探讨英语专业学生口语语料中 like 的频率以及语用功能运用情况[J]. 四川外语学院学报:社会科学版,2019(06):136-138.
[52]杨晓霞. 从话语标记语元语用功能角度分析研究 you know 和你知道[D]. 上海:上海外国语大学,2006.
[53]杨菊华. 中国英语学习者话语标记语习得的认知研究[D]. 武汉:武汉大学,2005.
[54]阴瑛. 影响话语标记语使用的因素研究[J]. 读与写(教育教学刊),2008(8):38-39.
[55]张聪燕. 话语标记语"你知道吗"[J]. 哈尔滨学院学报,2008(11):86-88.
[56]张博宇. 话语标记语的主观性与交互主观性探析[J]. 外语学刊,2015(3):79-83.

[57]张民伦. STEP BY STEP 英语听力入门[M]. 上海:华东师范大学出版社,1985.

[58]甄凤超. 基于语料库的中国英语外语学习者口语交际能力研究:COL-SEC 中的预构成语块、图式、语用特征及策略[D]. 上海:上海交通大学,2006.

[59]张辉. 试论跨文化交际中的语用迁移与语用失误[J]. 外语教学,1994(3):24-27.

[60]郑群. 语料库视角下的社会语言学研究-以话语标记语 you know 为例[J]. 解放军外国语学院学报,2014(2):43-53.

[61]郑树棠. 新视野大学英语视听说教程[M]. 北京:外语教学与研究出版社,2015.

[62]赵颖,张存颖. 话语标记语"yeah/yes"与"对"的多模态话语对比分析——以电视访谈节目《奥普拉秀》和《鲁豫有约》为例[J]. 重庆邮电大学学报:社会科学版,2015(1):145-151.

[63]AIJMER KARIN. English Discourse Particles:Evidence from a Corpus[M]. Amsterdam:John Benjamins, 2002.

[64] AIJMER KARIN. Pragmatic markers in spoken interlanguage[J]. Nordic Journal of English Studies, 2004 (3):173-190.

[65]AIJMER KARIN. Well I'm not sure I think... The use of well by non-native speakers[J]. International Journal of Corpus Linguistics, 2011(16): 231-254.

[66]ALLAMI HAMID & AMIN NAEIMI. A cross-linguistic study of refusals:An analysis of pragmatic competence development in Iranian EFL learners[J]. Journal of Pragmatics, 2011(43):385-406.

[67]AKTUNA DOğANÇAY SERAN & KAMIşLI SIBEL. Pragmatic transfer in interlanguage development:A case study of advanced EFL learners[R]. Ankara:the National Linguistics Conference, 1997.

[68]BARDOVI-HARLIG K. & GRIFFIN ROBERT. L2 pragmatic awareness:Evidence from the ESL classroom[J]. System, 2005(33):401-415.

[69] BEEBE L & GILES H. Speech-accommodation theories: A discussion in terms of second-language acquisition[J]. International Journal of the Sociology of Language, 1984(46): 5-32.

[70] BELL D M. Cancellative discourse markers: A core/periphery approach[J]. Pragmatics, 1998(8): 515-541.

[71] BLANCHE P. The case for a pedagogy of pragmatics in foreign or second language teaching[J]. RELC Journal, 1987(18): 46-91.

[72] BLUM-KULKA S. Interlanguage pragmatics: The case of requests[M]// PHILLIPSON R, KELLERMAN E, SELINKER L, SHARWOOD SMITH M, & SWAIN M. Foreign/second language pedagogy research. Clevedon: Multilingual Matters, 1991: 255-272.

[73] BORDERIA-GARCIA, A. M. The acquisition of pragmatics in spanish as a foreign language: interpreting and giving advice[D]. Ph. D. thesis, university of IOWA, 2006.

[74] BORDERÍA PONS SALVADOR & FISCHERB KERSTIN. Using discourse segmentation to account for the polyfunctionality of discourse markers: The case of well[J]. Journal of Pragmatics, 2021(173): 101-118.

[75] Bouton, L. F. A cross-cultural study of ability to interpret implicatures in English[J]. World Englishes, 1988(17): 183-96.

[76] BOUTON L F. Culture, pragmatics and implicature[M]// H. Nyyssonen & L. Kuure. Acquisition of Language, Acquisition of Culture. Jyvaskyla: AfinLa Yearbook, 1992.

[77] BOUTON L F. Can NNS skill in interpreting implicatures in Ameircan English be improved through explicit instruction? —A pilot study[M]// L. Bouton & J. Kachru. Pragmatics and language learning (Vol. 5, pp. 88-110). Urbana: University of Illinois Press, 1994.

[78] BRINTON LAUREL. The development of discourse markers in English [M]// Fisiak, Jacek. Historical Linguistics and Philology. Berlin: Mouton de Gruyter, 1990.

[79]BRINTON LAUREL. Pragmatic Markers in English: Grammaticalization and Discourse Functions[M]. Berlin: Mouton de Gruyter, 1996.

[80]CHARLES W MIRACLE. Discourse markers in Chinese. Unpublished doctoral dissertation[D]. Columbus: Ohio State University, 1991.

[81]COLLINS L. The roles of L1 influence and lexical aspect in the acquisition of temporal morphology[J]. Language Learning, 2002(52): 43-94.

[82]CUESTA A R & AINCIBURU M C. Tranfer of Arabic Formulaic Courtesy Expressions Used by Advanced Arab Learners of Spanish[J]. Procedia-Social and Behavioral Sciences, 2015(173): 207-213.

[83]DOUGHTY C J & LONG M. The Handbook of Second Language Acquisition [M]. Malden: Blackwell, 2003.

[84]ELLIS ROD & BARKHUIZEN GARY. Analysing Learner Language[M]. Oxford: Oxford University Press, 2005.

[85]ERMAN B. Pragmatic markers revisited with a focus on you know in adult and adolescent talk[J]. Journal of Pragmatics, 2001(33): 1337-1359.

[86]FENG GUANGWU. Pragmatic markers in Chinese[J]. Journal of Pragmatics. 2008(44): 264-301.

[87]FERGUSON C. Towards a characterization of English foreigner talk[J]. Anthropological Linguistics, 1975(17): 1-14.

[88]FOUSER J. ROBERT. Pragmatic transfer in highly advanced learners: Some preliminary findings [R]. Dublin: Centre for Language and Communication Studies, 1997.

[89]FOX TREE J E & SCHROCK JOSEF C. Basic meanings of you know and I mean[J]. Journal of Pragmatics, 2002(34): 27-747.

[90]FREED A. & GREENWOOD A. Women, men and type of talk: What makes the difference[J]. Language in Society, 1996 (25): 1-26.

[91]FULLER JANET M. Discourse Marker Use Across Speech Context: A Comparison of Native and Non-native Speaker Performance[J]. Multilingua, 2003(22): 185-208.

[92]FULLER JANET M. The influence of speaker roles on discourse marker use [J]. Journal of Pragmatics,2003(35):23-45.

[93]FUNG LORETTA & CARTER RONALD. Discourse markers and spoken English:native and learner use in pedagogic settings[J]. Applied Linguistics,2007(28):410-439.

[94]FUNG LORETTA. Discourse Markers in the ESL Classroom: A Survey of Teachers' Attitudes[J]. Asian EFL Journal,2011(13):199-248.

[95]高橋・里美 & TAKAHASH SATOMI & サトミタカハシ. Transfer in Interlanguage Pragmatics:New Research Agenda" [J]. Studies in Languages and Cultures,2000(11):114-115.

[96]Gilquin,Gaëtanelle. Combining contrastive and interlanguage analysis to apprehend transfer:detection,explanation,evaluation[J]. Language and Computers,2008(66):3-33.

[97]GRABOIS H. Distributed cognition and participation in second language discourse[M]// A. Pavlenko & R. Salaberry. Cornell Working Papers in Linguistics. Ithaca,NY:Cornell University Press,1996.

[98]HASELOW ALEXANDER. Discourse marker and modal particle:the functions of utterance final then in spoken English[J]. Journal of Pragmatics, 2011(43):3603-3623.

[99]HALLIDAY MICHAEL & KIRKWOOD ALEXANDER. Language structure and language function[M]// LYONS JOHN. New Horizons in Linguistics. Harmondsworth:Penguin,1970.

[100]HE ANPING & XU MANFEI. Zhongguo daxuesheng yingyu kouyu small words de yanjiu (Small words in Chinese EFL learners' spoken English) [J]. Waiyu Jiaoxue Yu Yanjiu (Foreign Language Teaching and Research),2003(35):446-452.

[101]HERMANS DAAN,BONGAERTS THEO,BOT KEES DE & SCHREUDER ROBERT. Producing words in a foreign language:Can speakers prevent interference from their first langauge[J]. Bilingualism:Language and Cogni-

tion,1998(1):213-229.

[102] HELLERMANN JOHN & VERGUN ANDREA. Language which is not taught: The discourse marker use of beginning adult learners of English [J]. Journal of Pragmatics,2007(39):157-179.

[103] HOLMES JANE. Functions of you know in women's and men's speech [J]. Language in Society,1986(15):1-22.

[104] HOLMES JANE & BROWN D F. Teachers and students learning about compliments[J]. TESOL Quarterly,1987(21):523-546.

[105] ISTVÂAN, KECSKÂES & TÈUNDE PAPP. Foreign Language and Mother Tongue[M]. Mahwah: Lawrence Erlbaum Associates,2000.

[106] IZUMI S. Comprehension and production processes in second language learning: In search of the psycholinguistic rationale of the output hypothesis [J]. Applied Linguistics,2003(24):168-196.

[107] JUCKER A H & SMITH S W. And people just you know like "wow": Discourse markers as negotiating strategies[M]//JUCKER A H & ZIV Y. Discourse Markers: Description and Theory. Amsterdam: John Benjamins, 1998:171-201.

[108] KASPER G. Pragmatische Aspekte in der interimsprache[M]. Tuebingen: Narr,1981.

[109] KASPER G. Pragmatic transfer[J]. Second language Research,1992(8): 203-231.

[110] KASPER G & BLUM-KULKA S. Interlanguage pragmatics[M]. Oxford: Oxford University Press,1993.

[111] KASPER G & Rose, K. R. Pragmatic development in a second language [J]. Language Learning (Supplement 1),2002 (30):201-209.

[112] KELLERMAN E. An eye for an eye: Crosslinguistic constraints on the development of the L2 lexicon[M]// E. Kellerrnan & M. Sharwood Smith. Crosslinguistic influence in second language acquisition. New York: Pergarnon Press,1986.

[113] KRASHEN S. Second language acquisition and second language learning [M]. Oxford: Pergamon, 1981.

[114] KRASHEN S. Newmark's ignorance hypothesis and current second language acquisition theory [M]// S. Gass and L. Selinker. Language transfer in language learning. Rowley, Mass: Newbury House, 1983.

[115] KWON JIHYUN. Pragmatic transfer and proficiency in refusals of Korean EFL learners [M]. Boston: Boston University, 2003.

[116] LADO R. Linguistics across cultures [M]. Ann Arbor: University of Michigan Press, 1957.

[117] LEECH G. Principles of pragmatics [M]. London: Longman, 1983.

[118] LIU BINMEI. Effect of first language on the use of English discourse markers by L1 Chinese speakers of English [J]. Journal of Pragmatics, 2013 (45): 149–172.

[119] LANGACKER R W. Syntactic reanalysis [M]// C. Li, ed. Mechanisms of Syntactic Change. Austin: University of Texas Press, 1977.

[120] LARSEN-FREEMAN D and LONG M. An introduction to second language acquisition research [M]. London: Longman, 1999.

[121] LIU BINMEI. Proceedings of the 21st North American Conference on Chinese Linguistics, Bryant University, 2009 [C]. Rhode Island: Bryant University, 2009.

[122] LONG M. Focus on form: A design feature in language teaching methodology [M]// K. de Bot, R. Ginsberg, and C. Kramsch. Foreign language research in cross-cultural perspective. Amsterdam: Benjamins, 1991.

[123] LOWIE W M. The acquisition of interlanguage morphology [D]. Groningen: Rijksuniversiteit Groningen, 1998.

[124] MAESHIBA N, YOSHINAGA N, KASPER G & ROSS S. Transfer and proficiency in interlanguage apologizing [M]//Gass, S., Neu, J. Speech Acts across Cultures. Berlin: Mounton, 1996.

[125] MACAULAY R. You know, it depends [J]. Journal of Pragmatics, 2002

(34):749-767.

[126]MILNE DAFOUZ EMMA. The pragmatic role of textual and interpersonal metadiscourse markers in the construction and attainment of persuasion: A cross-linguistic study of newspaper discourse[J]. Journal of Pragmatics, 2008(40): 95-113.

[127]MORENO. Angela Eugenia Iglesias Native-speaker-non-native speaker interaction: the use of discourse markers[J]. ELLA, 2001(2): 129-142.

[128]MÜLLER SIMONE. Discourse markers in native and non-native English discourse[M]. Amsterdam: John Benjamins, 2005.

[129]NETSU MACHIKO & LOCASTRO VIRGINIA. Opinion-giving and point of view in discussion tasks[R]. Japan: Second Language Research, 1997.

[130]OLSHTAIN E & COHEN A. Speech act behaviour across languages[M]// Dechert, H. W. and Raupach, M. Transfer in language production. Norwood, NJ: Ablex, 1989.

[131]OLSHTAIN E. Sociocultural competence and language transfer: the case of apology[M]// Gass, S. and Selinker. L. language transfer in language learning. Rowley MA: Newbury House, 1983.

[132]OKURA KYOKO. Declining an invitation as performed by Japanese ESL learners: pragmatic transfer[D]. Carson: California Sate Universit, 2003.

[133]ÖSTMAN J O. You Know: A Discourse Functional Approach[M]. Amsterdam: John Benjamins, 1981.

[134]ÖSTMAN JAN OLA. The symbiotic relationship between pragmatic particles and impromptu speech[M]//Enkvist Nils. Impromptu Speech: A Symposium. Abo Finland: Abo Akademi, 1982.

[135]PEARSON BETHYI. 'Persuasion' in Chinese and English: transfer at the pragmatic Level[C]? Phoenix, January 25-27, 1990[C]. Arizona, 1990.

[136]RICHARDS J C. & SCHMIDT R. Language and communication[M]. London: Longman (Applied Linguistics Series), 1983.

[137]ROTHMAN JASON and Guijarro-Fuentes, Pedro. Input quality matters:

some comments on input type and age-effects in adult SLA[J]. Applied Linguistics,2010(31):310-306.

[138] Sankoff, Gilian & Nagy, Naomi & Thibault, Pierrette & Blondeau, Hélène & Fonollosa, Marie-Odile & Gagnon, Lucie. Variation and the use of discourse markers in a language contact situation[J]. Language Variation and Change,1997(9):191-217.

[139] Schiffrin, D. Discourse Markers[M]. Cambridge: Cambridge University Press,1987.

[140] Schourup, L. Discourse markers[J]. Lingua,1999(107):227-265.

[141] Schourup, Lawrence C. Common discourse particles in English conversation: like, well, y' know[M]. New York: Garland,1985.

[142] Schreuder, R. & Baayen, R. H. "Modeling morphological processing [M]"// L. B. Feldman (Ed.). Morphological aspects of language processing. Hillsdale: Lawrence Erlbaum,1995.

[143] Schreuder, Robert & Bot, De Kees & Bongaerts, Theo & Hermans, Daan. Producing words in a foreign language: Can speakers prevent interference from their first language[J]. Bilingualism; Language and Cognition,1998(1): 213-229.

[144] Selinker, L. Interlanguage, IRAL[J]. International Review of Applied Linguistics in Language Teaching,1972(10):209-232.

[145] Simon-Vandenbergen, A-M. The functions of I think in political discourse [J]. International Journal of Applied Linguistics,2000(10):41-63.

[146] Sugaya, Natsue & Shirai, Yasuhiro. The acquisition of progressive and resultative meanings of the imperfective aspect marker by L2 learners of Japanese: Transfer, Universals, or Multiple Factors[J]. Studies in Second Language Acquisition,2007(29):1-38.

[147] Taguchi, Naoko. The role of learning environment in the development of pragmatic comprehension[J]. SSLA,2008(30):423-452.

[148] Takahashi, S. & Dufon, M. Cross-linguistic influence in indirectness: the

case of English directives performed by native Japanese speakers[J]. Cross Cultural Studies, 1989:370-439.

[149] Takahashi, T. & Beebe, L. M. The development of pragmatic competence by Japanese learners of English[J]. JALT Journal, 1987(8): 131-155.

[150] Takahashi, S. Transferability of indirect request strategies[J]. University of Hawaii Working Papers in ESL, 1992(11):69-124.

[151] TAKAHASHI SATOMI. Pragmatic transferability in L1 indirect request strategies perceived by Japanese learners of English[D]. Honolulu: University of Hawaii, 1995.

[152] TAYLOR B. The use of overgeneralization and transfer learning strategies by elementary and intermediate students of ESL[J]. Language Learning, 1975(25):73-107.

[153] TARONE E. and LIU G Q. Situational context, variation, and second language acquisition theory[M]//G. Cook and B. Seidlhofer (eds.). Principle and practice in applied linguistics: Studies in honour of H. G. Widdowson. Oxford: Oxford University Press, 1995.

[154] THOMAS J. Cross-cultural pragmatic failure[J]. Applied linguistics, 1983(4):91-112.

[155] TRILLO ROMERO JESUS. The pragmatic fossilization of discourse markers in non-native speakers of English[J]. Journal of Pragmatics, 2002(34): 769-784.

[156] UNSWORTH SHARON. Age and input in the acquisition of grammatical gender in Dutch[D]. Utrecht: Utrecht University, 2008.

[157] UMBEL L & VIVIAN M & OLLER D K. Developmental Changes in Receptive Vocabulary in Hispanic Bilingual School Children[J]. Language Learning, 1994(44):221-242.

[158] VERHOEVEN L. Transfer in bilingual development: The linguistic interdependence hypothesis revisited[J]. Language learning, 1994(44): 381-415.

[159] VINCENT SOPHIE & DARBAKY SARAH & METTOUCHI AMINA. The Grammaticalization of you know From shared knowledge to control over the co-speaker[J]. English Text construction,2009(2):209-227.

[160] VžEGARAC VLADIMIR & PENNINGTON MARTHA C. Pragmatic transfer in intercultural communication [M]//Spencer - Oatey Helen. Cultural Speaking. Shanghai:Shanghai Foreign Language Education Press,2007.

[161] WANG WEI. From a conditional marker to a discourse marker:The uses of dehua 的话 in natural Mandarin conversation[J]. Journal of Pragmatics, 2017(117):119-138.

[162] WANNARUK ANCHALEE. Pragmatic transfer in Thai EFL Refusal[J]. RELC Journal,2008(39):318-337.

[163] WHITE R. Saying please:Pragmalinguistic failure in English interaction [J]. ELT Journal,1993(47):193-202.

[164] WOLFSON N. Perspectives:Sociolinguistics and TESOL[M]. Cambridge: Newbury House Publishers,1989.

[165] YAHAHMADI A. & FATHI S. A Cross-cultural Study on Iranian EFL Students' Pragmatic Transfer[J]. Procedia-Social and Behavioral Sciences,2015(192):498-505.

[166] YANG GUOPING & CHEN YIN. Investigating the English Proficiency of Learners:A Corpus-based Study of Contrastive Discourse Markers In China[J]. Open Journal of Linguistics,2015(5):281-290.

[167] YEH KANYU & HUANG CHIUNG-CHIH. Mandarin-speaking children's use of the discourse markers hao 'okay' and dui 'right' in peer interaction[J]. Language Sciences,2016(57):1-20.

[168] ZHANG Q G. & SABET PEYMAN G. Elastic 'I think':Stretching over L1 and L2[J]. Applied Linguistics,2016(37):334-353.

[169] 中介语石化现象. [OL]. https://wenku. baidu. com/view/853f15734bfe04a1b0717fd5360cba1aa9118c42. html.

[170]北京口语语料[OL]. https://baike. baidu. com/item/%E5%8C%97%

E4% BA% AC% E5% 8F% A3% E8% AF% AD% E8% AF% AD% E6% 96% 99% E6% 9F% A5% E8% AF% A2% E7% B3% BB% E7% BB% 9F/ 9239347? fr=aladdin.

[171]什么是文化价值观[OL]. https://zhidao. baidu. com/question/ 1829688547592366340. html.

[172]英语 SET 考试具体是什么?[OL]. https://zhidao. baidu. com/question/1696465340265874028. html.

[173]话语标记语 you know 的语用功能及汉语翻译[OL]. https://wenku. baidu. com/view/6a4a696fb9f67c1cfad6195f312b3169a551ea78. html.

[174]美国人吃饭真的是 AA 制吗?[OL]. http://www. 360doc. com/content/17/1107/18/14106735_701724942. shtml.

[175] Corino Elisa. 2016. Learners and reformulative discourse markers: A case study of the use of cioè by students of Italian as a foreign language[OL]. https://www. jbe-platform. com/search? value1 = Elisa+Corino&option1 =author&noRedirect=true.

[176] Language, Interaction and Acquisition [OL]. https://www. jbe-platform. com/content/journals/18797873.

[177]名著《呼啸山庄》中英文对照翻译 第28篇[OL]. http://www. kekenet. com/kouyi/50021. shtml. 2021-8-15.

[178]语料库简介[OL]. https://ling. cuc. edu. cn/RawPub/jianjie. aspx.

[179] wordsmith 中文说明[OL]. https://wenku. baidu. com/view/ 0e598f9c3b68011ca300a6c30c2259010302f346. html.

[180]为什么美国人说话那么夸张? 我也可以这么夸张吗? More than "wow"[OL]. http://fanyi-app. baidu. com/static/passage/2019-07/ 2019-07-13/002/.

[181] Oxford 电子期刊数据库[OL]. http://lib. shisu. edu. cn/2019/1005/ c162a439/page. htm 2021-12-2.

附录一

请写上您的名字，非常感谢您的参与　姓名________

1. 您在母语交流中经常使用汉语话语标记语“你知道”吗？您觉得这些话语标记语在交流中重要吗？若不用的话会对交流产生什么影响？

2. 您从哪里学得汉语话语标记语“你知道”“你知道吗”“你知道吧”的功能？（语文课堂，课本自学还是日常交流等等？）

3. 您在母语交流中使用过话语标记语“你知道”吗？您能列举它的功能吗？请从如下功能中选择（知识共享；停顿；进一步解释；额外信息；解释原因；提醒引起注意；开始话题；为说话人争取时间；举例；修正错误；强调；核查信息；转折；话语填充词；举例；对比；详述；结果；引进新信息；信息不足标记；等等；评价；转换话题；结束话轮；具体而言；即）。

4. 你在使用英语话语标记语“you know”时，是否受到汉语话语标记语“你知道”的影响？在什么情况下您在使用英语话语标记语”you know”时受到这些汉语话语标记语的影响？您是否觉得英汉语话语标记语形似，有时候会用混？

5. 您觉得随着语言能力的提高，你使用话语标记语“you know”的频率高了吗？

6. 你曾经有意识地回避使用话语标记语“you know”吗？在什么情况下想回避它？

7. 当你不会用英语话语标记语“you know”时，若不会用，您会选择回避还是借助汉语与之对应的三个话语标记语“你知道”“你知道吗”“你知道吧”的功能来表达？

8. 请问您在运用英语话语标记语“you know ”时，您是有意识还是无意识地借用汉语话语标记语“你知道”“你知道吗”“你知道吧”的功能来表达的?

9. 您运用英语话语标记语时,您觉得受了汉语话语标记语“你知道”“你知道吗”“你知道吧”的影响? 您是否有意识地借用了汉语这三种话语标记语的功能?

10. 您尝试过赋予英语话语标记语“you know”声调来表达自己的含义吗? 您觉得赋予不同语调的英语话语标记语“you know”含义会有差异吗? 您觉得英语话语标记语“you know”有了语调表达的意义是否更加丰富?

11. 您在口语交流中用过英语话语标记语“you know”吗? (经常、很少、几乎不)

12. 您从哪里(课堂、美剧、电影等等)学会运用话语标记语“you know”的功能?

13. 你认为英语话语标记语“you know”对交流重要吗?

14. 当您不会用英语话语标记语“you know”时,您是否尝试了别的策略? 请指出您的策略。

15. 您经常使用英语中哪些话语标记语?

16. 您对英语话语标记语“you know”的功能了解多少? 请就您知道的功能举个例子。

附录二

访谈问题（高中学生）

1. 介绍一下您的学习经历。

2. 在您和您的老师和同学用英语交流的过程中，您经常运用话语标记语吗？

3. 若运用的话，您经常运用哪些话语标记语？

访谈问题（留学生）

1. 介绍一下您的学习经历。

2. 您能熟练运用话语标记语吗？

3. 本族语者当中运用频率高的话语标记语有哪些？不同年龄组的本族语学习者在话语标记语的运用方面有差异吗？